別冊 NBL / No.182

家族法制の見直しに関する中間試案

商事法務　編

株式会社　商事法務

NLB

は し が き

　法務大臣の諮問機関である法制審議会の家族法制部会（部会長：大村敦志・学習院大学法科大学院教授）では、令和3年3月から、家族法制の見直しに関する調査審議が行われている。

　同部会は、令和4年11月15日に開催された第20回会議において、「家族法制の見直しに関する中間試案」を取りまとめた。この中間試案は、同年12月6日、事務当局である法務省民事局参事官室の文責において作成された「家族法制の見直しに関する中間試案の補足説明」とともに公表され、広く国民一般の意見を求めるため、令和5年2月17日までパブリック・コメントの手続が実施される。

　そこで、本書では、公表されたこれらの「家族法制の見直しに関する中間試案」等を、同中間試案の概要の紹介とともに一冊にまとめることとした。

　本書が、上記中間試案の内容をより多くの方に理解いただく契機の一つとなれば幸いである。

　令和4年12月

商事法務

目　次

「家族法制の見直しに関する中間試案」について

編集部

Ⅰ　中間試案の公表に至る経緯

　法務大臣の諮問機関である法制審議会に設置された家族法制部会（部会長：大村敦志・学習院大学法科大学院教授）は、令和3年3月に離婚及びこれに関連する制度に関する規定等の見直しについて調査審議を開始し、令和4年11月15日の第20回会議において、「家族法制の見直しに関する中間試案」（以下「試案」という。）を取りまとめた。これを受けて、事務当局である法務省民事局参事官室は、同年12月6日、試案を公表し、パブリック・コメントの手続を実施している。

　試案は、確定的な案を示すものではなく、飽くまでもこれまでの審議結果を取りまとめたものと位置付けられている。試案の取りまとめの過程では、試案の本文に「……ものとする。」という形で特定の改正提案が記載されているとしても、必ずしもそれが部会の中でコンセンサスが取られたことや多数派の意見であることを意味するものではないとの説明がされていた。また、試案においては、【甲案】【乙案】といった両論併記がされている部分があるが、その記載の順序に何らかの優劣があるものではないとのことである。

Ⅱ　試案の概要

　試案では、前注として、「親権」等の用語の見直しも含めて検討することや、試案で取り扱われている各事項について、配偶者からの暴力や父母による虐待がある事案に適切に対応することができるようにすることが提示されている。

第1 親子関係に関する基本的な規律の整理について

　試案第1の1では、親子関係に関する基本的な規律として、父母が、成年に達しない子を養育する責務を負うことや、子の最善の利益を考慮しなければならないことなどが提示されている。

　試案第1の2では、未成年の子に対する父母の扶養義務が他の直系親族間の扶養義務よりも重いことが提示され、また、成年に達した子に対する父母の扶養義務の程度について、複数の考え方が併記されている。

第2 父母の離婚後等の親権者に関する規律の見直しについて

　1　現行民法第819条は、父母が離婚をするときはその一方を親権者と定めなければならないことを定めている。試案第2の1では、このような規律を見直し、離婚後の父母双方を親権者とすることができるようにする【甲案】と、現行の規律を維持する【乙案】が併記されている。【甲案】を採用する場合には、父母の双方を親権者とするか一方のみを親権者とするかは、父母間の協議又は家庭裁判所の裁判により定められる。

　そして、【甲案】を採用した場合の具体的な規律として、試案第2の2では、離婚後の父母双方を親権者とすることを原則とし、一定の要件を満たす場合にはその一方のみを親権者とする【甲①案】、父母の一方のみを親権者とすることを原則とし、一定の要件を満たす場合にはその双方を親権者とする【甲②案】が併記されたほか、選択の要件や基準に関する規律を設けるのではなく、個別具体的な事案に即して親権者を定めるとする【甲③案】が併記されている。

　2　【甲案】によれば、離婚後の父母双方が親権者となる場合において、監護者の定めがされていなければ、親権の行使は、身上監護に関する事項についても、財産管理や法定代理等に関する事項についても、父母双方が共同して行うことが原則となり、父母間の意見対立が生じた場合には家庭裁判所の手続により調整されることとなる（試案第2の3(3)）。

　3　他方で、【甲案】により離婚後の父母双方が親権者となる場合において、監護者が定められたときについては、試案第2の3(2)アによれば、監護者が身上監護を行うこととなる。監護者の定めをすることの要否については、試案第2の3(1)において、次のような案が併記されている。

【A案】離婚後の父母双方を親権者とする場合には、必ずその一方を監護者と定めなければならない。

【B案】離婚後の父母双方を親権者とする場合には、父母の一方を監護者とすることも、監護者の定めをしないこと（上記2のとおり、父母双方が身上監護も含めた親権を共同して行うこと）もできる。

　なお、【B案】の中には、①一定の要件を満たさない限り原則として監護者の定めをす

べきではないとの考え方、②一定の要件を満たさない限りは原則として監護者の定めをすべきであるとの考え方、③選択の要件や基準についての特段の規律を設けず解釈に委ねるべきであるとの考え方がある。

4　また、【甲案】により離婚後の父母双方が親権者となる場合において、監護者が定められたときの財産管理や法定代理等については、試案第2の3(2)イにおいて、次のような案が併記されている。

【α案】監護者が単独で行い、その内容を事後に他方の親権者に通知する。

【β案】父母双方が共同して行う。父母間の意見が対立した場合には、監護者が単独で行う。

【γ案】父母双方が共同して行う。父母間の意見が対立した場合には、家庭裁判所の手続により調整する。

5　【甲案】により離婚後の父母双方が親権者となる場合において、監護者が定められたときの子の転居については、試案第2の3(4)において、次のような考え方が併記されている。

【X案】監護者が単独で決定する。

【Y案】親権者である父母双方が関与して決定する。

6　このほか、試案第2の4では、離婚後の父母の一方を親権者と定め、他方を監護者と定めた場合の規律を整理することが提示されており、試案第2の5では、認知の場合について、認知後の父母双方を親権者とすることができるようにする【甲案】と、認知後は父母の一方のみが親権者となる【乙案】が併記されている。

第3　父母の離婚後の子の監護に関する事項の定め等に関する規律の見直しについて

試案第3の1では、未成年の子の父母が協議上の離婚をするための要件の見直しが取り上げられており、父母の離婚後の子の養育に関する講座の受講を協議上の離婚の要件とするかどうかが論点として提示されている。

試案第3の2では、協議上の離婚の際の養育費や親子交流（面会交流）の定めを促進する方策として複数の案が提示された上で、養育費に関する定めの実効性向上のための方策として、債務名義を容易に作成する新たな仕組みを設けることや、養育費請求権に一般先取特権を付与することが提示されている。また、養育費についての父母間の協議をすることができない場合に対応するための制度として、一定の要件の下で一定額の養育費請求権が発生する法定養育費制度の新設も提示されている。

試案第3の3では、婚姻中の父母が別居し、共同して子の監護を行うことが困難になったことなどの一定の要件の下で、監護者や親子交流に関する事項を父母間の協議により定めることができるとの規律や、父母間の協議が調わない場合に家庭裁判所がその定めをすることができるとの規律を設けることが提示されている。

試案第3の4では、家庭裁判所が監護者や親子交流に関する事項を定めるに当たっての考慮要素を明確化することが提示されている。

第4　親以外の第三者による子の監護及び交流に関する規律の新設について

試案第4では、父母以外の第三者が監護者となることができる旨の規律や、父母以外の第三者と子との交流に関する規律を設けることが提示されている。

第5　子の監護に関する事項についての手続に関する規律の見直し

試案第5では、養育費や親子交流などの子の監護に関する裁判手続等に関する次のような事項についての検討課題が提示されている。

- ・　相手方の住所を調査する仕組み
- ・　相手方の収入に関する情報開示の仕組み
- ・　親子交流に関する裁判手続について、調停成立前や審判前の段階での別居親と子との親子交流を可能とする仕組みや、成立した調停又は審判の実効性を向上させる方策
- ・　養育費等についての民事執行における債権者の手続負担の軽減策
- ・　濫用的な申立てを簡易に却下する仕組みや、DV又は虐待が疑われる事案に適切に対応するものとする仕組み

第6　養子制度に関する規律の見直しについて

現行民法第798条は、未成年者を養子とするには家庭裁判所の許可が必要であることを原則とした上で、いわゆる連れ子養子の場合といわゆる孫養子の場合に限り、例外的に家庭裁判所の許可を不要としている。試案第6の1では、この規律を見直して家庭裁判所の許可が必要となる範囲を拡大する【甲案】と、現行の規律を維持する【乙案】が併記されている。

試案第6の3では、同一人を養子とする養子縁組が複数回された場合には最後の縁組に係る養親が親権を行うことなど、養子縁組後の親権に関する規律が提示されている。

このほか、未成年養子縁組のその他の成立要件や、縁組後の実親の扶養義務についての検討課題も取り上げられている（試案第6の2及び4）。

第7　財産分与制度に関する規律の見直しについて

試案第7では、家庭裁判所が財産分与の裁判をする際の考慮要素を明確化すること、財産分与の請求の期間制限を伸長すること、財産分与の請求の相手方の財産に関する情報開示の仕組みなどが取り上げられている。

第8 その他所要の措置

　試案第8では、上記**第1**から**第7**までの事項に関連する裁判手続、戸籍その他の事項について所要の措置を講ずることが提示されている。

Ⅲ　試案に対する意見募集について

　試案は、令和4年12月6日より、「電子政府の総合窓口e-Gov」ウェブサイト〈https://public-comment.e-gov.go.jp/servlet/Public〉において公表され、令和5年2月17日までの間、広く国民一般からの意見を募集するため、パブリック・コメントの手続が実施されている。

　試案に対する意見は、上記の期間中、e-Govのホームページの意見提出フォームによる方法のほか、電子メール（minji222@i.moj.go.jp）、郵送（〒100－8977東京都千代田区霞が関一丁目1番1号）又はファクシミリ（03－3592－7039）の方法により、法務省に提出することができることとされている。

　法制審議会家族法制部会では、試案に対して寄せられた意見を参考にしつつ、引き続き家族法制の見直しについての調査審議が行われる予定であるとのことである。

家族法制の見直しに関する中間試案

（前注1）本試案では「親権」等の用語については現行民法の表現を用いているが、これら
　　　　の用語に代わるより適切な表現があれば、その用語の見直しも含めて検討すべきで
　　　　あるとの考え方がある。

（前注2）本試案で取り扱われている各事項について、今後、具体的な規律を立案するに当
　　　　たっては、配偶者からの暴力や父母による虐待がある事案に適切に対応することが
　　　　できるようなものとする。

第1　親子関係に関する基本的な規律の整理
　1　子の最善の利益の確保等
　　⑴　父母は、成年に達しない子を養育する責務を負うものとする。
　　⑵　父母は、民法その他の法令により子について権利の行使及び義務の履
　　　行をする場合や、現に子を監護する場合には、子の最善の利益を考慮し
　　　なければならないものとする（注1）。
　　⑶　上記⑵の場合において、父母は、子の年齢及び発達の程度に応じて、子
　　　が示した意見を考慮するよう努めるものとする考え方について、引き続
　　　き検討するものとする（注2）。

（注1）親の権利義務や法的地位を表す適切な用語を検討すべきであるとの考え方がある。
（注2）本文⑶の考え方に加えて、父母（子と同居していない父母を含む。）が、できる限
　　　り、子の意見又は心情を把握しなければならないものとするとの考え方がある。

　2　子に対する父母の扶養義務
　　⑴　未成年の子に対する父母の扶養義務の程度が、他の直系親族間の扶養
　　　義務の程度（生活扶助義務）よりも重いもの（生活保持義務）であること
　　　を明らかにする趣旨の規律を設けるものとする。
　　⑵　成年に達した子に対する父母の扶養義務の程度について、下記のいず
　　　れかの考え方に基づく規律を設けることについて、引き続き検討するも
　　　のとする（注）。
　　【甲案】
　　　　子が成年に達した後も引き続き教育を受けるなどの理由で就労をする
　　　ことができないなどの一定の場合には、父母は、子が成年に達した後も相

当な期間は、引き続き同人に対して上記(1)と同様の程度の義務を負うものとする考え方

【乙案】

　成年に達した子に対する父母の扶養義務は、他の直系親族間の扶養義務と同程度とする考え方

（注）　成年に達した子に対する父母の扶養義務の程度については特段の規律を設けず、引き続き解釈に委ねるものとする考え方もある。

第2　父母の離婚後等の親権者に関する規律の見直し

1　離婚の場合において父母双方を親権者とすることの可否

【甲案】

　父母が離婚をするときはその一方を親権者と定めなければならないことを定める現行民法第819条を見直し、離婚後の父母双方を親権者と定めることができるような規律を設けるものとする（注）。

【乙案】

　現行民法第819条の規律を維持し、父母の離婚の際には、父母の一方のみを親権者と定めなければならないものとする。

（注）　本文の【甲案】を採用する場合には、親権者の変更に関する民法第819条第6項についても見直し、家庭裁判所が、子の利益のため必要があると認めるときは、父母の一方から他の一方への変更のほか、一方から双方への変更や双方から一方への変更をすることができるようにするものとする考え方がある。なお、このような見直しをした場合における新たな規律の適用範囲（特に、改正前に離婚した父母にも適用があるかどうか）については、後記第8の注2のとおり、引き続き検討することとなる。

2　親権者の選択の要件

　上記1【甲案】において、父母の一方又は双方を親権者と定めるための要件として、次のいずれかの考え方に沿った規律を設けるものとする考え方について、引き続き検討するものとする（注）。

【甲①案】

　父母の離婚の場合においては、父母の双方を親権者とすることを原則とし、一定の要件を満たす場合に限り、父母間の協議又は家庭裁判所の裁判により、父母の一方のみを親権者とすることができるものとする考え方

【甲②案】

　父母の離婚の場合においては、父母の一方のみを親権者と定めることを

　原則とし、一定の要件を満たす場合に限り、父母間の協議又は家庭裁判所の裁判により、父母の双方を親権者とすることができるものとする考え方

（注）　本文に掲げたような考え方と異なり、選択の要件や基準に関する規律を設けるのではなく、個別具体的な事案に即して、父母の双方を親権者とするか一方のみを親権者とするかを定めるべきであるとの考え方（甲③案）もある。他方で、本文に掲げたような選択の要件や基準がなければ、父母の双方を親権者とするか一方のみを親権者とするかを適切に判断することが困難であるとの考え方もある。

3　離婚後の父母双方が親権を有する場合の親権の行使に関する規律
（本項は、上記1において【甲案】を採用した場合の試案である。）
　⑴　監護者の定めの要否
　【Ａ案】
　　　離婚後に父母の双方を親権者と定めるに当たっては、必ず父母の一方を監護者とする旨の定めをしなければならないものとする。
　【Ｂ案】
　　　離婚後に父母の双方を親権者と定めるに当たっては、父母の一方を監護者とする旨の定めをすることも、監護者の定めをしないこと（すなわち、父母双方が身上監護に関する事項も含めた親権を行うものとすること）もできるものとする（注1）。
　⑵　監護者が指定されている場合の親権行使
　　ア　離婚後の父母の双方を親権者と定め、その一方を監護者と定めたときは、当該監護者が、基本的に、身上監護に関する事項（民法第820条から第823条まで〔監護及び教育の権利義務、居所の指定、懲戒、職業の許可〕に規定する事項を含み、同法第824条〔財産の管理及び代表〕に規定する財産管理に係る事項や、財産上・身分上の行為についての法定代理に係る事項及び同法第5条〔未成年者の法律行為〕に規定する同意に係る事項を含まない。）についての権利義務を有するものとする考え方について、そのような考え方を明確化するための規律を設けるかどうかも含め、引き続き検討するものとする（注2）。
　　イ　離婚後の父母の双方を親権者と定め、父母の一方を監護者と定めたときの親権（上記アにより監護者の権利義務に属するものを除く。）の行使の在り方について、次のいずれかの規律を設けるものとする。
　【α案】
　　　監護者は、単独で親権を行うことができ、その内容を事後に他方の親に通知しなければならない。

【β案】

① 親権は、父母間の（事前の）協議に基づいて行う。ただし、この協議が調わないとき、又は協議をすることができないときは、監護者が単独で親権を行うことができる（注３）。

② 上記の規律に反する法定代理権及び同意権の効力は、現行民法第８２５条〔父母の一方が共同の名義でした行為の効力〕と同様の規律による。

【γ案】

① 親権は父母が共同して行う。ただし、父母の一方が親権を行うことができないときは他の一方が行うものとする。

② 親権の行使に関する重要な事項について、父母間に協議が調わないとき又は協議をすることができないとき（父母の一方が親権を行うことができないときを除く。）は、家庭裁判所は、父又は母の請求によって、当該事項について親権を行う者を定める（注４）。

③ 上記の各規律に反する法定代理権及び同意権の効力は、現行民法第８２５条〔父母の一方が共同の名義でした行為の効力〕と同様の規律による。

⑶ 監護者の定めがない場合の親権行使（注５）

ア （上記⑴【Ｂ案】を採用した場合において）監護者の定めがされていないときは、親権（民法第８２０条から第８２３条まで〔監護及び教育の権利義務、居所の指定、懲戒、職業の許可〕に規定する身上監護に係る事項、同法第８２４条〔財産の管理及び代表〕に規定する財産管理に係る事項や、財産上・身分上の行為についての法定代理に係る事項及び同法第５条〔未成年者の法律行為〕に規定する同意に係る事項を含む。）は父母が共同して行うことを原則とするものとする。ただし、父母の一方が親権を行うことができないときは他の一方が行うものとする。

イ 親権の行使に関する重要な事項について、父母間に協議が調わないとき又は協議をすることができないとき（父母の一方が親権を行うことができないときを除く。）は、家庭裁判所は、父又は母の請求によって、当該事項について親権を行う者を定める（注６）。

ウ 上記の各規律に反する法定代理権及び同意権の効力は、現行民法第８２５条〔父母の一方が共同の名義でした行為の効力〕と同様の規律による。

⑷ 子の居所指定又は変更に関する親権者の関与

離婚後に父母の双方を親権者と定め、父母の一方を監護者と定めた場合における子の居所の指定又は変更（転居）について、次のいずれかの考

え方に基づく規律を設けるものとする。

【Ｘ案】

　　上記⑵アの規律に従って、監護者が子の居所の指定又は変更に関する決定を単独で行うことができる。

【Ｙ案】

　　上記⑵アの規律にかかわらず、上記⑵イの【α案】、【β案】又は【γ案】のいずれかの規律により、親権者である父母双方が子の居所の指定又は変更に関する決定に関与する。

（注１）本文の【Ｂ案】の考え方の中には、①一定の要件を満たさない限りは原則として監護者の定めをすべきではないとの考え方や、②一定の要件を満たさない限りは原則として監護者の定めをすべきであるとの考え方、③監護者の定めをするかどうかの選択の要件や基準については特段の規律を設けずに解釈に委ねるものとすべきであるとの考え方などがある。また、監護者の定めをしないことを選択するに当たっては、「主たる監護者」を定めるものとすべきであるとの考え方がある。さらに、父母の双方が親権者となった場合の「監護者」や「主たる監護者」の権利義務の内容については、父母の一方が親権者となって他の一方が「監護者」と定められた場合との異同も意識しながら、引き続き検討すべきであるとの考え方がある。

（注２）本文⑵アの考え方を基本とした上で、子の監護に関する事項であっても、一定の範囲の事項（例えば、子の監護に関する重要な事項）については、本文⑵イの各規律によるものとすべきであるとの考え方がある。

　　また、本文⑵アの考え方及び本文⑵イの規律を基本とした上で、子の財産管理に関する事項や法定代理権又は同意権の行使であっても、一定の範囲（例えば、重要な事項以外の事項）については、監護者が単独でこれを行うことができるものとすべきであるとの考え方がある。

（注３）本文の【β案】を採用した場合において、監護者と定められた親権者の一方が子の最善の利益に反する行為をすることを他方の親権者が差し止めるための特別の制度を新たに設けるべきであるとの考え方がある。

（注４）本文の【γ案】②と異なり、親権の行使に関する重要な事項について、父母間に協議が調わないとき等には、家庭裁判所が、父又は母の請求によって、当該事項についての親権の行使内容を定めるものとする考え方がある。

（注５）本文の⑶のような規律を設ける場合には、婚姻中の父母がその親権を行うに当たって意見対立が生じた場面においても、家庭裁判所が一定の要件の下で本文の⑶イのような形で父母間の意見対立を調整するものとするとの考え方がある。

　　また、婚姻中の父母の一方を監護者と定めた場合の親権の行使について、上記本文3⑵及び⑷と同様の規律を設けるものとするとの考え方がある。

5

（注６）本文の(3)イの規律についても、上記（注４）と同様の考え方がある。

　　4　離婚後の父母の一方を親権者と定め、他方を監護者と定めた場合の規律
　　　離婚後の父母の一方を親権者と定め、他方を監護者と定めたときの監護者の権利義務について、上記3(2)ア（及び同項目に付された上記注２）と同様の整理をする考え方について、そのような考え方を明確化するための規律を設けるかどうかも含め、引き続き検討するものとする。

　　5　認知の場合の規律（注）
【甲案】
　　　父が認知した場合の親権者について、現行民法第８１９条を見直し、父母双方を親権者と定めることができるような規律を設けるものとした上で、親権者の選択の要件や父母双方が親権を有する場合の親権の行使に関する規律について、上記2及び3と同様の規律を設けるものとすることについて、引き続き検討するものとする。
【乙案】
　　　父が認知した場合の親権者についての現行民法第８１９条の規律を維持し、父母の協議（又は家庭裁判所の裁判）で父を親権者と定めたときに限り父が親権を行う（それ以外の場合は母が親権を行う）ものとする。

（注）　認知後に父母の一方を親権者と定め、他方を監護者と定めた場合における規律について、本文の上記4と同様の整理をする考え方がある。

第3　父母の離婚後の子の監護に関する事項の定め等に関する規律の見直し
　　1　離婚時の情報提供に関する規律
【甲案】
　　　未成年の子の父母が協議上の離婚をするための要件を見直し、原則として、【父母の双方】【父母のうち親権者となる者及び監護者となる者】が法令で定められた父母の離婚後の子の養育に関する講座を受講したことを協議上の離婚の要件とする考え方について、引き続き検討するものとする（注１）。
【乙案】
　　　父母の離婚後の子の養育に関する講座の受講を協議上の離婚の要件とはせず、その受講を促進するための方策について別途検討するものとする（注２）。

（注１）裁判離婚をする場合において、例えば、家庭裁判所が離婚事件の当事者に離婚後養育講座を受講させるものとすべきであるとの考え方がある一方で、そのような離婚後養育講座の受講を義務付けることに消極的な考え方がある。

（注２）本文の【乙案】の方策の１つとして、例えば、協議上の離婚の当事者である父母がその離婚前又は離婚後に子の養育に関する講座の受講をする義務を負う旨の訓示的な規定を設けるべきであるとの考え方がある。

2　父母の協議離婚の際の定め

⑴　子の監護について必要な事項の定めの促進

【甲①案】

　　未成年の子の父母が協議上の離婚をするときは、父母が協議をすることができない事情がある旨を申述したなどの一定の例外的な事情がない限り、子の監護について必要な事項（子の監護をすべき者、父又は母と子との親子交流（面会交流）、子の監護に要する費用の分担）を定めなければならないものとした上で、これを協議上の離婚の要件とするものとする考え方について、引き続き検討するものとする（注１）。

【甲②案】

　　【甲①案】の離婚の要件に加えて、子の監護について必要な事項の定めについては、原則として、弁護士等による確認を受けなければならないものとする考え方について、引き続き検討するものとする（注２）。

【乙案】

　　子の監護について必要な事項の定めをすることを父母の協議上の離婚の要件としていない現行民法の規律を維持した上で、子の監護について必要な事項の定めがされることを促進するための方策について別途検討するものとする（注３）。

⑵　養育費に関する定めの実効性向上

　　子の監護に要する費用の分担に関する父母間の定めの実効性を向上させる方向で、次の各方策について引き続き検討するものとする。

　ア　子の監護に要する費用の分担に関する債務名義を裁判手続によらずに容易に作成することができる新たな仕組みを設けるものとする。

　イ　子の監護に要する費用の分担に関する請求権を有する債権者が、債務者の総財産について一般先取特権を有するものとする。

⑶　法定養育費制度の新設

　　父母が子の監護について必要な事項の協議をすることができない場合に対応する制度として、一定の要件の下で、離婚の時から一定の期間にわたり、法定された一定額の養育費支払請求権が発生する仕組みを新設す

　　るものとし、その具体的な要件や効果（上記(2)イの一般先取特権を含む。）
　　について引き続き検討するものとする（注4～7）。

（注1）本文(1)の【甲①案】及び【甲②案】においては、子の監護に要する費用の分担をし
　　　ない（養育費等の額を０円とする）旨の定めをすることの可否やその効力が問題とな
　　　り得るが、例えば、子の監護に要する費用の分担をしない旨の定めは、一定の要件を
　　　満たす場合に限って有効（その場合には本文(3)の法定養育費は発生しない）とすべき
　　　であるとの考え方がある。また、【甲①案】及び【甲②案】において協議離婚をする
　　　ために取り決める必要がある事項の範囲については、（1）子の監護をすべき者、父
　　　又は母と子との交流、子の監護に要する費用の分担の全部とする考え方のほか、（2）
　　　これらの一部のみで足りるとする考え方がある。

（注2）本文(1)の【甲②案】において、弁護士等が子の監護に関する事項についての定めを
　　　確認するに当たっては、父母の真意に基づく定めがされているか、定めの内容が子の
　　　最善の利益に反するものでないか（できる限り子の意見又は心情を把握するよう努
　　　めた上で、子の意見又は心情に配慮されているかを含む。）について確認するものと
　　　するとの考え方がある。

　　　　また、本文の(1)の【甲②案】においては、子の監護に要する費用の分担の部分に関
　　　して公正証書等の債務名義となる文書が作成されている場合には、弁護士等による
　　　確認を受ける必要がないとの考え方がある。

（注3）本文(1)の【乙案】の方策の１つとして、例えば、①協議上の離婚をする父母が、子
　　　の最善の利益を図るため、子の監護について必要な事項が定められるよう努める義
　　　務を負っていることを明確化する規律を設けるべきであるとの考え方や、②民法の
　　　見直しとは別に、子の監護について必要な事項の定めをすることの重要性を周知・広
　　　報し、又はそのような定めが円滑にされるような様々な支援策を拡充させる方向で
　　　の検討を進めるべきであるとの考え方があり得る。

（注4）法定養育費の権利行使主体としては、子が権利者であるとする考え方と、親権者
　　　（監護者が定められた場合には監護者）が権利者であるとする考え方がある。

（注5）法定養育費の発生要件として、父母がその離婚の届出において子の監護について必
　　　要な事項の協議をすることができない事情がある旨を申述したことを要件とする考
　　　え方がある。

（注6）法定養育費が発生する期間については、①父母間の協議によって子の監護に要する
　　　費用の分担についての定めがされるまでとする考え方と、②法令で一定の終期を定
　　　めるとする考え方がある。

（注7）法定養育費の具体的な額については、①最低限度の額を法令で定めるものとする考
　　　え方と、②標準的な父母の生活実態を参考とする金額を法令で定めるものとする考
　　　え方がある。いずれの考え方においても、後に父母間の協議又は家庭裁判所の手続に

おいて定められた養育費額と法定額との間に差額がある場合の取扱いについて、その全部又は一部を清算するための規律を設けるとの考え方がある。

3　離婚等以外の場面における監護者等の定め

　次のような規律を設けるものとする（注１、２）。

　婚姻中の父母が別居し、共同して子の監護を行うことが困難となったことその他の事由により必要があると認められるときは、父母間の協議により、子の監護をすべき者、父又は母と子との交流その他の子の監護について必要な事項は、その協議で定めることができる。この協議が調わないとき又は協議をすることができないときは、家庭裁判所は、父又は母の申立てにより、当該事項を定めることができる。

（注１）本文の規律が適用されるかどうかの判断基準（例えば、別居期間の長さを基準とするなど）を明確化するものとする考え方がある。また、別居等の場面においても、子の監護について必要な事項や婚姻費用の分担に関する定めが促進されるようにするための方策を講ずるものとする考え方がある。

（注２）父母の婚姻中における子の監護に関する事項の定めについては、明文の規律を設けるのでなく、引き続き解釈（民法第７６６条〔離婚後の子の監護に関する事項の定め等〕の類推適用）に委ねるものとする考え方もある。

4　家庭裁判所が定める場合の考慮要素

⑴　監護者

　家庭裁判所が子の監護をすべき者を定め又はその定めを変更するに当たっての考慮要素を明確化するとの考え方について、引き続き検討するものとする（注１）。

⑵　親子交流（面会交流）

　家庭裁判所が父母と子との交流に関する事項を定め又はその定めを変更するに当たっての考慮要素を明確化するとの考え方について、引き続き検討するものとする（注２、３）。

（注１）子の監護をすべき者を定めるに当たっての考慮要素の例としては、①子の出生から現在までの生活及び監護の状況、②子の発達状況及び心情やその意思、③監護者となろうとする者の当該子の監護者としての適性、④監護者となろうとする者以外の親と子との関係などがあるとの考え方がある。このうち、①の子の生活及び監護の状況に関する要素については、父母の一方が他の一方に無断で子を連れて別居した場面においては、このような行為が「不当な連れ去り」であるとして、当該別居から現在

までの状況を考慮すべきではないとする考え方がある一方で、そのような別居は「Ｄ
Ｖや虐待からの避難」であるとして、この別居期間の状況を考慮要素から除外すべき
ではないとの考え方もある。このほか、⑤他の親と子との交流が子の最善の利益とな
る場合において、監護者となろうとする者の当該交流に対する態度を考慮すること
については、これを肯定する考え方と否定する考え方がある。

（注２）父母と子との交流に関する事項を定めるに当たっての考慮要素の例としては、①子
の生活状況、②子の発達状況及び心情やその意思、③交流の相手となる親と子との関
係、④親子交流を安全・安心な状態で実施することができるかどうか（交流の相手と
なる親からの暴力や虐待の危険の有無などを含む。）などがあるとの考え方がある。
このほか、交流の相手となる親と他方の親との関係を考慮することについては、これ
を肯定する考え方と否定する考え方がある。

（注３）親子交流を実施する旨の定めをするかどうかの判断基準を明確化すべきであると
の考え方がある。

第４　親以外の第三者による子の監護及び交流に関する規律の新設

1　第三者による子の監護

⑴　親以外の第三者が、親権者（監護者の定めがある場合は監護者）との協
議により、子の監護者となることができる旨の規律を設けるものとし、そ
の要件等について引き続き検討するものとする（注１、２）。

⑵　上記⑴の協議が調わないときは家庭裁判所が子の監護をすべき者を定
めるものとする考え方について、その申立権者や申立要件等を含め、引き
続き検討するものとする。

（注１）監護者となり得る第三者の範囲について、親族に限るとする考え方や、過去に子と
同居したことがある者に限るとする考え方がある。

（注２）親以外の第三者を子の監護者と定めるには、子の最善の利益のために必要があるこ
となどの一定の要件を満たす必要があるとの考え方がある。

2　親以外の第三者と子との交流

⑴　親以外の第三者が、親権者（監護者の定めがある場合は監護者）との協
議により、子との交流をすることができる旨の規律を設けるものとし、そ
の要件等について引き続き検討するものとする（注１、２）。

⑵　上記⑴の協議が調わないときは家庭裁判所が第三者と子との交流につ
いて定めるものとする考え方について、その申立権者や申立要件等を含
め、引き続き検討するものとする。

（注1）子との交流の対象となる第三者の範囲について、親族に限るとする考え方や、過去に子と同居したことがある者に限るとする考え方がある。

（注2）親以外の第三者と子との交流についての定めをするには、子の最善の利益のために必要があることなどの一定の要件を満たす必要があるとの考え方がある。

第5　子の監護に関する事項についての手続に関する規律の見直し

1　相手方の住所の調査に関する規律

　　子の監護に関する処分に係る家事事件手続において、家庭裁判所から調査の嘱託を受けた行政庁が、一定の要件の下で、当事者の住民票に記載されている住所を調査することを可能とする規律（注1、2）について、引き続き検討するものとする（注3）。

（注1）調査方法としては、行政庁が、住民基本台帳ネットワークシステムを利用して調査するとの考え方がある。

（注2）当事者は、家庭裁判所又は行政庁が把握した住所の記載された記録を閲覧することができないとの規律を設けるべきであるとの考え方がある。

（注3）相手方の住民票に記載されている住所が判明したとしても、相手方が当該住所に現実に居住しているとは限らないために居住実態の現地調査が必要となる場合があり得るところであり、こういった現地調査に係る申立人の負担を軽減する観点から、例えば、公示送達の申立ての要件を緩和すべきであるとの考え方がある。他方で、公示送達の活用については相手方の手続保障の観点から慎重に検討すべきであるとの考え方もある。

2　収入に関する情報の開示義務に関する規律

　　養育費、婚姻費用の分担及び扶養義務に関して、当事者の収入の把握を容易にするための規律について、次の考え方を含めて、引き続き検討するものとする。

⑴　実体法上の規律

　　父母は、離婚するとき（注1）に、他方に対して、自己の収入に関する情報を提供しなければならないものとする。

⑵　手続法上の規律

　　養育費、婚姻費用の分担及び扶養義務に関する家事審判・家事調停手続の当事者や、婚姻の取消し又は離婚の訴え（当事者の一方が子の監護に関する処分に係る附帯処分を申し立てている場合に限る。）の当事者は、家庭裁判所に対し、自己の収入に関する情報を開示しなければならないものとする（注2）。

（注１）婚姻費用の分担に関し、離婚前であっても、一定の要件を満たした場合には開示義
務を課すべきであるとの考え方がある。

（注２）当事者が開示義務に違反した場合について、過料などの制裁を設けるべきであると
の考え方がある。

3　親子交流に関する裁判手続の見直し
　(1)　調停成立前や審判の前の段階の手続
　　　　親子交流等の子の監護に関する処分の審判事件又は調停事件において、
　　　調停成立前又は審判前の段階で別居親と子が親子交流をすることを可能
　　　とする仕組みについて、次の各考え方に沿った見直しをするかどうかを
　　　含めて、引き続き検討するものとする（注１）。
　　ア　親子交流に関する保全処分の要件（家事事件手続法第１５７条第１
　　　項〔婚姻等に関する審判事件を本案とする保全処分〕等参照）のうち、
　　　急迫の危険を防止するための必要性の要件を緩和した上で、子の安全
　　　を害するおそれがないことや本案認容の蓋然性（本案審理の結果とし
　　　て親子交流の定めがされるであろうこと）が認められることなどの一
　　　定の要件が満たされる場合には、家庭裁判所が暫定的な親子交流の実
　　　施を決定することができるものとするとともに、家庭裁判所の判断に
　　　より、第三者（弁護士等や親子交流支援機関等）の協力を得ることを、
　　　この暫定的な親子交流を実施するための条件とすることができるもの
　　　とする考え方（注２、３）
　　イ　家庭裁判所は、一定の要件が満たされる場合には、原則として、調停
　　　又は審判の申立てから一定の期間内に、１回又は複数回にわたって別
　　　居親と子の交流を実施する旨の決定をし、【必要に応じて】【原則とし
　　　て】、家庭裁判所調査官に当該交流の状況を観察させるものとする新た
　　　な手続（保全処分とは異なる手続）を創設するものとする考え方
　(2)　成立した調停又は審判の実現に関する手続等
　　　　親子交流に関する調停や審判等の実効性を向上させる方策（執行手続
　　　に関する方策を含む。）について、引き続き検討するものとする。

（注１）調停成立前や審判前の段階での親子交流の実施に関する規律については、本文のよ
　　　うな新たな規律を設けるのではなく現行の規律を維持すべきであるとの考え方や、
　　　家庭裁判所の判断に基づくのではなく当事者間の協議により別居親と子との親子交
　　　流を実現するための方策を別途検討すべきであるとの考え方もある。

（注２）親子交流に関する保全処分の要件としての本案認容の蓋然性の有無を判断するに

際して、子の最善の利益を考慮しなければならないとの考え方がある。また、親子交流に関する保全処分の判断をする手続（本文の(1)アの手続）においても、家庭裁判所が、父母双方の陳述を聴かなければならず、また、子の年齢及び発達の程度に応じてその意思を考慮しなければならないものとする考え方がある。本文の(1)イの手続についても、同様に、父母双方の陳述や子の意思の考慮が必要であるとの考え方がある。

（注３）本文(1)アの考え方に加えて、調停又は審判前の保全処分として行われる暫定的な親子交流の履行の際にも、家庭裁判所が、家庭裁判所調査官に関与させることができるものとする考え方もある。

4　養育費、婚姻費用の分担及び扶養義務に係る金銭債権についての民事執行に係る規律

　　養育費、婚姻費用の分担及び扶養義務に係る金銭債権についての民事執行において、1回の申立てにより複数の執行手続を可能とすること（注１）を含め、債権者の手続負担を軽減する規律（注２）について、引き続き検討するものとする。

（注１）1回の申立てにより、債務者の預貯金債権・給与債権等に関する情報取得手続、財産開示手続、判明した債務者の財産に対する強制執行等を行うことができる新たな制度を設けるべきであるとの考え方がある。

（注２）将来的に、預金保険機構を通じて、相続人等の利用者が、金融機関に対し、被相続人等の個人番号（マイナンバー）が付番された口座の存否を一括して照会し、把握することが可能となる仕組みが整備されることから、民事執行法における預貯金債権等に係る情報の取得手続においても、当該仕組みを利用するなどして、裁判所が複数の金融機関に対する債務者の預貯金債権に関する情報を、一括して探索することができる制度を設けるべきであるとの考え方などがある。

5　家庭裁判所の手続に関するその他の規律の見直し

　(1)　子の監護に関する家事事件等において、濫用的な申立てを簡易に却下する仕組みについて、現行法の規律の見直しの要否も含め、引き続き検討するものとする。

　(2)　子の監護に関する家事事件等において、父母の一方から他の一方や子への暴力や虐待が疑われる場合には、家庭裁判所が当該他の一方や子の安全を最優先に考慮する観点から適切な対応をするものとする仕組みについて、現行法の規律の見直しの要否も含め、引き続き検討するものとする。

第6　養子制度に関する規律の見直し（注1）
　1　成立要件としての家庭裁判所の許可の要否
　　　未成年者を養子とする普通養子縁組（以下「未成年養子縁組」という。）
　　に関し、家庭裁判所の許可の要否に関する次の考え方について、引き続き検
　　討するものとする（注2）。
　【甲案】家庭裁判所の許可を要する範囲につき、下記①から③までのいずれか
　　　の方向で、現行法の規律を改める。
　　　①　配偶者の直系卑属を養子とする場合に限り、家庭裁判所の許可を要
　　　　しないものとする。
　　　②　自己の直系卑属を養子とする場合に限り、家庭裁判所の許可を要し
　　　　ないものとする。
　　　③　未成年者を養子とする場合、家庭裁判所の許可を得なければならな
　　　　いものとする。
　【乙案】現行民法第798条〔未成年者を養子とする縁組〕の規律を維持し、
　　　配偶者の直系卑属を養子とする場合や自己の直系卑属を養子とする場合
　　　に限り、家庭裁判所の許可を要しないものとする。

（注1）養子制度に関する規律の在り方は、上記第2の1記載の離婚後に父母双方が親権者
　　　となり得る規律の在り方と密接に関連するため、相互に関連付けて整合的に検討す
　　　べきであるとの指摘がある。
（注2）未成年養子縁組の離縁時にも家庭裁判所の許可を必要とすべきであるとの考え方
　　　がある。

　2　未成年養子縁組に関するその他の成立要件
　　　（上記1のほか）未成年養子縁組の成立要件につき、父母の関与の在り方
　　に関する規律も含めて、引き続き検討するものとする（注）。

（注）　試案の本文に明示しているもののほか、未成年養子縁組の成立要件に関する規律と
　　　して、①未成年養子縁組に係る家庭裁判所の許可に係る考慮要素及び許可基準を法
　　　定すべきであるとの考え方や②法定代理人が養子となる者に代わって縁組の承諾を
　　　することができる養子の年齢を引き下げ、または、一定以上の年齢の子を養子とする
　　　縁組をするためには当該子の同意を必要とすべきであるとの考え方などがある。

　3　養子縁組後の親権に関する規律
　　　未成年養子縁組後の親権者に関する規律につき、以下の方向で、引き続き
　　検討するものとする（注1、2）。

①　同一人を養子とする養子縁組が複数回された場合には、養子に対する
親権は、最後の縁組に係る養親が行う。

②　養親の配偶者が養子の実親である場合には、養子に対する親権は、養親
及び当該配偶者が共同して行う。

③　共同して親権を行う養親と実親が協議上の離婚をするときは、その協
議で、その一方（注3）を親権者と定めなければならない。裁判上の離婚
の場合には、裁判所は、養親及び実親の一方（注3）を親権者と定める。

（注1）試案の本文は、上記第2の1記載の離婚後に父母双方が親権者となり得る規律を導
入するか否かに関わらず、すべからく未成年養子縁組について適用される規律を提
案するものである。

（注2）実親の一方から、現に親権者である養親や他方の実親に対して、親権者変更の申立
てをすることを認めるべきであるという考え方がある。

（注3）上記第2の1記載の離婚後に父母双方が親権者となり得る規律を導入した場合に
は、試案の本文にある「一方」を「一方又は双方」とすべきであるとの考え方がある。

4　縁組後の扶養義務に関する規律

未成年養子縁組後の実親及び養親の扶養義務に関する規律として、最後
の縁組に係る養親が一次的な扶養義務を負い（当該養親が実親の一方と婚
姻している場合には、その実親は当該養親とともに一次的な扶養義務を負
う）、その他の親は、二次的な扶養義務を負うという規律を設けることにつ
き、引き続き検討するものとする。

第7　財産分与制度に関する規律の見直し

1　財産分与に関する規律の見直し

財産の分与について、当事者が、家庭裁判所に対して協議に代わる処分
を請求した場合には、家庭裁判所は、離婚後の当事者間の財産上の衡平を
図るため、当事者双方がその協力によって取得し、又は維持した財産の額
及びその取得又は維持についての各当事者の寄与の程度、婚姻の期間、婚
姻中の生活水準、婚姻中の協力及び扶助の状況、各当事者の年齢、心身の
状況、職業及び収入その他一切の事情を考慮し、分与させるべきかどうか
並びに分与の額及び方法を定めるものとする。この場合において、当事者
双方がその協力により財産を取得し、又は維持するについての各当事者の
寄与の程度は、その異なることが明らかでないときは、相等しいものとす
る。

　2　財産分与の期間制限に関する規律の見直し

　　　財産分与の期間制限に関する民法第768条第2項ただし書を見直し、【3年】【5年】を経過したときは、当事者は、家庭裁判所に対して協議に代わる処分を請求することができないものとするほかは、現行法のとおりとする。

　3　財産に関する情報の開示義務に関する規律

　　　財産分与に関して、当事者の財産の把握を容易にするための規律について、次の考え方を含めて、引き続き検討するものとする。

　　⑴　実体法上の規律

　　　　夫婦は、財産分与に関する協議をする際に、他方に対して、自己の財産に関する情報を提供しなければならないものとする。

　　⑵　手続法上の規律

　　　　財産分与に関する家事審判・家事調停手続の当事者や、婚姻の取消し又は離婚の訴え（当事者の一方が財産の分与に関する処分に係る附帯処分を申し立てている場合に限る。）の当事者は、家庭裁判所に対し、自己の財産に関する情報を開示しなければならないものとする（注）。

（注）　当事者が開示義務に違反した場合について、過料などの制裁を設けるべきであるとの考え方がある。

第8　その他所要の措置

　　　第1から第7までの事項に関連する裁判手続、戸籍その他の事項について所要の措置を講ずるものとする（注1、2）。

（注1）夫婦間の契約の取消権に関する民法第754条について、削除も含めて検討すべきであるとの考え方がある。

（注2）第1から第7までの本文や注に提示された規律や考え方により現行法の規律を実質的に改正する場合には、その改正後の規律が改正前に一定の身分行為等をした者（例えば、改正前に離婚した者、子の監護について必要な事項の定めをした者、養子縁組をした者のほか、これらの事項についての裁判手続の申立てをした者など）にも適用されるかどうかが問題となり得るところであるが、各規律の実質的な内容を踏まえ、それぞれの場面ごとに、引き続き検討することとなる。

　　　　　　　　　　　　　　　　　　　　　　　　　　　　　　　以　上

家族法制の見直しに関する中間試案の補足説明

令和４年１２月

法務省民事局参事官室

家族法制の見直しに関する中間試案の補足説明の目次

はじめに

1　調査審議の開始の経緯

　　未成年の子を持つ父母の離婚に伴う子の養育の在り方については、父母の離婚を経験した子の置かれている状況、子育ての在り方やそれに関する国民意識の多様化、社会の各分野における女性の一層の参画といった社会情勢、あるいは子に関わる近時の立法の動向や児童の権利に関する条約の批准後の状況等を背景に、国内外から様々な指摘がされており、例えば、離婚後の親権制度の在り方や、養育費の支払確保や安全・安心な親子交流に向けた取組の促進等についての検討の必要性が指摘されている。また、父母の離婚後の子の養育の在り方を検討するに当たっては、未成年者を養子とする養子縁組制度の在り方や、父母の離婚時の財産分与制度の在り方についても、一定の検討が必要であるとの指摘がされている。

　　こういった指摘を踏まえ、令和3年2月、法制審議会第189回会議において、法務大臣から、「父母の離婚に伴う子の養育への深刻な影響や子の養育の在り方の多様化等の社会情勢に鑑み、子の利益の確保等の観点から、離婚及びこれに関連する制度に関する規定等を見直す必要があると思われるので、その要綱を示されたい。」との諮問がされ（諮問第113号）、その調査審議のため、家族法制部会（部会長・大村敦志学習院大学法科大学院教授）が設置された。

2　これまでの調査審議の概要

　　この部会においては、父母の離婚後の子の養育の在り方やこれに関連する諸問題について、令和3年3月から、おおむね1か月に1回のペースで会議が開催された。

　　まず、第1回会議においてはフリー・ディスカッション形式により基本的な視点等についての意見交換がされ、次に、第2回会議から第5回会議まで、様々な立場の方々からのヒアリングが行われた。ヒアリングの対象者は多岐にわたるが、例えば、親の離婚を経験した子の立場の方、同居親の立場の方、別居親の立場の方、DV被害者支援の現場の方、家庭問題に関する支援の現場の方などの御協力をいただいた。また、第5回会議においては、父母の離婚が子の心理に及ぼす影響についての部会委員からの報告や、父母の離婚後の子の養育の在り方に関する各外国法制等に関する参考人のヒアリングが行われた。その上で、この部会においては、第15回会議までの間、親権、養育費、親子交流、養子、財産分与などの諸課題について、委員幹事の間で、民法等の規定の見直しの要否や新たな規律として考えられる案などが様々な角度から議論された。各回の会議の際には、事務当局が用意した部会資料や参考資料の

ほか、上記のヒアリング対象者が用意した資料や、部会委員から提供された資料が配布された。これらの資料は、法務省ホームページ[1]で公開されており、中間試案の内容を理解する上で参考になると考えられる。

その後、これらのヒアリング等や議論を踏まえ、第16回会議からは、中間試案の取りまとめに向けた議論がされた。中間試案の取りまとめに向けた議論の過程でも、事務当局が用意した部会資料や参考資料のほか、部会委員から、父母の離婚後の子の養育に関して、同居親側の立場からのアンケート調査の結果や、別居親側の立場からのアンケート調査の結果などの資料が提出され、これらの資料が議論の参考とされた。これらの資料も、法務省ホームページで公開されており、中間試案の内容を理解する上で参考になると考えられる。

このような調査審議を経て、令和4年11月15日に開催された第20回会議では、「家族法制の見直しに関する中間試案」が取りまとめられた。

3　中間試案に盛り込まれなかった意見について

中間試案の取りまとめに向けた議論の過程では、一部の委員から、①司法の役務提供に係る情報提供や費用支弁の支援、家庭裁判所の人員体制強化が必要であるとの指摘や、②税制・社会保障制度・教育支援との関係を整理する必要があり、その検討のための省庁横断的な検討会を設置すべきであるとの指摘がされた。その上で、これらの指摘に係る事項を中間試案に盛り込むべきであるとの意見が示され、これに賛同する意見も示された。

このほか、例えば、養育費の履行確保のための公的な支援として、立替払い制度の検討が必要であるといった意見なども示された。

これらの各意見で指摘されている事項はこの中間試案には盛り込まれていないが、これは、この部会において上記の各意見が指摘する公的支援等の必要性を否定することを意味するものではない。中間試案の取りまとめに至る議論の過程においては、上記のような事項を中間試案に盛り込むべきではないとする理由として、この部会の役割は父母の離婚後の子の養育の在り方に関連する民事基本法制の見直しをすることであるから、上記のような事項は、この部会での調査審議の対象ではないとの意見が示され、その点について委員の間で大きな異論がなかったためである。

4　中間試案の位置付けと補足説明の位置付け

この部会における中間試案は、確定的な改正案を示すものではなく、飽くまでもそこに示された規律や考え方についてパブリックコメントの手続で国民一般の意見を聴くことを目的として取りまとめられたものである。この部会では、中間試案の性質がそのようなものであることを前提として、全会一致で中間試案の取りまとめがされた。そのため、中間試案に記載されている改正案

---

[1]　https://www.moj.go.jp/shingi1/housei02_003007

や考え方は、必ずしもそれが部会の中でコンセンサスがとれたものではなく、それが多数派の意見であるわけでもない。また、中間試案において【甲案】【乙案】といった両論併記がされているものについて、その記載の順序に何らかの優劣があるものでもない。

　この文書（中間試案の補足説明）は、中間試案の内容の理解に資するため、中間試案の内容をゴシック体で記載した上で、その項目ごとに、「補足説明」という欄を設けて明朝体でその説明を加えたものである。この文書のうち明朝体で記載された部分は、本部会における取りまとめの対象とされたものではなく、もっぱら、事務当局である法務省民事局（参事官室）の責任において作成したものであり、飽くまで中間試案について検討を加える際の参考資料にすぎず、それ以上の意味を持つものではない。

前注

（前注１）本試案では「親権」等の用語については現行民法の表現を用いているが、これら
　　　　　の用語に代わるより適切な表現があれば、その用語の見直しも含めて検討すべきで
　　　　　あるとの考え方がある。
（前注２）本試案で取り扱われている各事項について、今後、具体的な規律を立案するに当
　　　　　たっては、配偶者からの暴力や父母による虐待がある事案に適切に対応することが
　　　　　できるようなものとする。

（補足説明）
1　**前注１**について
　　現行民法の「親権」は、親の「権利」のみでなく「義務」としての性質も有
し、その権利義務が子の利益のために行使されるべきものであることに異論
はないものの、親「権」という表現がされているために、それが専ら親の権利
であるかのように誤解されるおそれがあるとの指摘がある。部会の中でも、こ
ういった指摘を踏まえ、同法の「親権」の用語をより適切な表現に改めるべき
であるとの意見が示された。このほか、部会における議論の中では、「監護権」
や「面会交流」等の用語についても検討が必要ではないかとの指摘がされた
（ただし、これらの用語は同法で直接に用いられているものではない。なお、
試案において「親子交流」又は単に「（父又は母と子との）交流」と表現して
いるものは、従前の実務において「面会交流」等と呼ばれていたもの、すなわ
ち、同法第７６６条において「父又は母と子との面会及びその他の交流」と規
定されているものと同様のものであり、従前の実務と同様に、親と子が直接会
う形で交流する方法のほか、電話やメール、手紙などの方法で交流することも
考えられる。）。
　　もっとも、部会のこれまでの議論を踏まえても、「親権」等に代わる用語に
ついては様々な意見が示されており、現状では１つの特定の候補に絞り込む
ことは困難であると考えられる。また、用語の見直しをするに当たっては、そ
もそも「親権」等の内容（概念）がどのようなものであるかという実質的な規
律の内容について整理する必要がある。
　　そこで、**試案**で用いる「親権」等の用語については、差し当たり現行民法の
表現を用いることとしており、これらに代わるより適切な表現があれば、その
用語の見直しを含めて検討すべきである旨の考え方を**前注１**で示している。
2　**前注２**について
　　父母の離婚後の子の養育の在り方等に関する具体的な規律を立案するに当
たっては、配偶者の一方から他の一方に対する暴力や父母による子への虐待
に適切に対応することができるようにする必要があると考えられる。
　　例えば、父母の離婚後にその双方が親権者となることができる制度を導入

するに当たっては、**試案の後記第2の2の【甲①案】又は【甲②案】**のいずれを採用する場合であっても、離婚前に配偶者からの暴力や父母による虐待がある事案を念頭に、そのような暴力や虐待の特質を十分に考慮した上で、それを前提とした仕組みを検討すべきであるとの指摘がある。また、そのような暴力や虐待の継続が懸念される事案では、父母間に一定の支配関係が存在することが少なくないとして、親権者の定めや子の監護について必要な事項の定めをするに当たっては、父母間の協議のみに委ねるのではなく、公的機関や法律家等の第三者の関与が必要であるとの指摘もある。部会のこれまでの議論では、子と別居親との親子交流についての規律を検討するに当たっても、子及び同居親の安全・安心を最優先に配慮すべきではないかといった意見も示された。

　部会のこれまでの議論においては、上記のような対応が必要となる根拠として、離婚前の配偶者からの暴力や父母による虐待については、離婚後も継続する可能性が非常に大きいといった特質があり、このような特質を十分に認識する必要があるとの意見が示された。また、各場面で対応が必要な「暴力」や「虐待」は、物理的な有形力の行使に限定されず、いわゆる精神的な暴力・虐待をも含むものであるとの意見も示され、これに関連して、配偶者からの暴力の防止及び被害者の保護等に関する法律の見直しの検討がされている旨の指摘もされた。

　他方で、例えば、具体的な家事事件の手続の中で、配偶者からの暴力や父母による虐待があった旨の主張がされる事案においては、各当事者の認識や主張内容に大きな隔たりがあることもあるとして、各当事者の主張の当否が、適正な手続の下で、適正に認定されなければならないとの指摘もある。

　そこで、**前注2**では、今後の具体的な規律の検討に当たって留意すべき視点として、配偶者からの暴力や父母による虐待がある事案に適切に対応することができるようなものとすることを示している。

第1　親子関係に関する基本的な規律の整理
1　子の最善の利益の確保等
　⑴　父母は、成年に達しない子を養育する責務を負うものとする。
　⑵　父母は、民法その他の法令により子について権利の行使及び義務の履行をする場合や、現に子を監護する場合には、子の最善の利益を考慮しなければならないものとする（注1）。
　⑶　上記⑵の場合において、父母は、子の年齢及び発達の程度に応じて、子が示した意見を考慮するよう努めるものとする考え方について、引き続き検討するものとする（注2）。

（注1）親の権利義務や法的地位を表す適切な用語を検討すべきであるとの考え方がある。

（注２）本文(3)の考え方に加えて、父母（子と同居していない父母を含む。）が、できる限り、子の意見又は心情を把握しなければならないものとするとの考え方がある。

（補足説明）

1　基本的な規律の必要性

　　父母（法律上の親子関係のある実父母及び養父母の全てを含んでおり、親権者や監護者に限定されない。）は、親権を有するかどうかにかかわらず、子との関係で特別な法的地位にある（例えば、他の直系親族間とは異なる生活保持義務がある）と解されるが、このような父母の法的地位については、現行民法上必ずしも明確に規定されていない。そのため、例えば、親権者でない父母が、子に対して何らの責任を負わないかのような誤解がされることがあり、それが養育費の不払等の一因となっているおそれがあるとの指摘がある。

　　そこで、試案第１は、親子関係そのものから生ずる法律関係についての基本的な規律の整理や明確化を試みるものである。

2　試案1の概要

⑴　試案1(1)の概要

　　試案1(1)では、父母が子の養育をすることについて取り上げている。

　　父母が子の養育をすることは、父母の権利として位置付けるのではなく、子を中心に考える観点から、それが父母の責務や責任であるとして理解すべきであるとの考え方がある。また、このような父母の責務や責任は、親権者や監護者のみでなく、全ての父母（法律上の親子関係のある実父母及び養父母の全てを含む。）が負うべきものとの考え方がある。こういった観点から、試案1(1)では、子の養育を「父母」の「責務」と表現することとしている。

　　試案1(1)では、父母の養育を受ける対象を「成年に達しない子」としているが、このことは、父母が成年に達した子に対して何らの責任を負わないとの反対解釈を許容する趣旨ではなく、例えば養育費の対象となる期間について、これを子が未成年である間に限定しようとする趣旨でもない。

　　なお、子の養育をするための手段は、各家庭によって様々であると考えられ、例えば、子と同居する親がその日常的な監護をすることのほか、子と別居する親も、親子交流をする方法や、養育費や扶養料の分担をする方法などによって、子を養育する責務を果たすことが考えられる。

⑵　試案1(2)の概要

　　試案1(2)では、子の最善の利益の確保について取り上げている。

　　父母は、民法その他の法令により子についての権利の行使及び義務の履行をする場合や、現に子を監護する場合（その親が親権者や監護者に定められているかどうかを問わず、現に子と一緒にいて当該子の面倒を見ているという事実上の状況にある場合）には、子の最善の利益を考慮すべきである

との考え方がある。このうち、親権者がその身上監護権を行使する場面や子の監護についての必要な定めをする場面については、平成２３年の民法改正により、それが「子の利益」のために行われなければならない旨が明記されたが、それ以外の場面についても、子の最善の利益を考慮すべきであると解されている。

　そこで、**試案1(2)**では、このような考え方を明確化するための基本的な規律を設けることを提示している。なお、**試案1(2)**では、その実質的な規律の意味内容を表現するために「子の最善の利益を考慮」という用語を用いているが、この規律を条文化するに当たっては、現行民法の他の規定（同法第７６６条や第８２０条等）の表現も踏まえつつ、法制的な観点からの検討も必要となると考えられる（注1）。

(3)　**試案1(3)の概要**

　「子の最善の利益」は抽象的な概念であるため、何が子の最善の利益であるかを判断するための具体的な基準があることが望ましいと考えられるところであり、その基準の1つとして、例えば、子が示した意見等を1つの指標とすべきではないかとの指摘がある。

　もっとも、具体的な事情の下では子が示した意見等に反しても子の監護のために必要な行為をすることが子の利益となることもあり得るし、子の意見を求めることが父母間の高葛藤をもたらす場合もあり得る。そのため、子が示した意見等が子の最善の利益を判断するための絶対的な指標となるものでもなく、また、個別具体的な事案の下で、親が、子の意見等をどの程度把握し、どの程度尊重すべきかについても、様々な考え方があり得る。

　これらの指摘を踏まえ、**試案1(3)**では、子の年齢及び発達の程度に応じて、子が示した意見を考慮するよう努めるものとする考え方を提示している。

　このような考え方に対して、部会における議論の中では、児童の権利に関する条約第１２条（注2）の趣旨や、民法第８５８条では成年後見人がその事務を行うに当たって成年被後見人の意思を「尊重」すべきことが規定されていること等を踏まえ、子の意見又は意思を「尊重」すべきであるとの考え方も示された。

(4)　**注1の考え方について**

　親子関係そのものから生ずる法律関係についての基本的な規律を設けるに当たっては、そのような親の地位や権利義務を表現する新たな用語を検討する必要があるとの指摘があり、**試案の注1**ではそのような考え方を提示している。部会のこれまでの議論においては、親の義務や責任の側面を強調する観点から「親責任」という呼称を用いる考え方が提示された一方で、この考え方に対しては、ここでいう「責任」の意味内容が民事法上の一般的な「責任」の概念とは必ずしも整合的でないとの指摘や、親のみが子の養育の責任を負うと誤解される（その結果として社会による養育支援が阻害さ

れる）おそれがあるのではないかとの指摘もされた。

(5)　**注２の考え方について**

　　試案の注２では、父母が、できる限り、子の意見又は心情を把握しなければならないとする考え方を提示している。

　　このような考え方の根拠としては、**試案１(3)**のように父母が子の意見を考慮するに際しては、父母が子の意見を適切に把握することが必要となるとの指摘がある。また、子の年齢や発達の程度によっては、子が明確な意見を示すことが困難な場合もあり得るが、その際には子の心情を把握すべきであるとの指摘もある。

　　さらに、子の養育をすべき責務は父母の双方が負うべきであるとの考え方を重視する立場によれば、子と同居していない父母も、子の最善の利益を図るため、子の意見等を把握する必要があるとの指摘もあり、子と同居していない父母が子の意見等を把握するための方策について検討する必要があるとの指摘もある（注３）。

　　もっとも、子の最善の利益を考慮するに当たって子の意見等が絶対的な指標となるとは限らないとの指摘があることは上記(3)のとおりであり、また、事案の内容によっては、何らかの決断を求めるような意見聴取をすることが子に心理的なストレスを与え、かえって子の最善の利益に反するような場合もあるとの指摘もある。そのため、どのような場合に子の意見等を把握するのが適切であるかについては様々な考え方があることを踏まえ、子の意見等の把握については特段の規律を設けることなく、解釈に委ねるのが相当であるとの考え方もあり得る。

（注１）民法（親子法制）等の改正に関する要綱では、監護教育権の行使に当たって遵守すべき規律として「親権を行う者は、第８２０条の規定による監護及び教育するに当たっては、子の人格を尊重するとともに、子の年齢及び発達の程度に配慮しなければならず、かつ、体罰その他の子の心身の健全な発達に有害な影響を及ぼす言動をしてはならない。」との規定を設けることが盛り込まれており、令和４年１０月、同要綱を踏まえた民法等の一部を改正する法律案が国会に提出された。この法改正がされた場合には、「人格を尊重」することや「子の年齢及び発達の程度に配慮」することとの関係で、**試案１(3)**で示されている「意見を考慮」することの意義をどのように整理するかを検討する必要があると考えられる。

（注２）児童の権利に関する条約第３条は、児童に関するすべての措置をとるに当たっては、「児童の最善の利益が主として考慮されるものとする」としており、また、同条約第１２条は、「自己の意見を形成する能力がある児童がその児童に影響を及ぼすすべての事項について自由に自己の意見を表明する権利を確保する。この場合において、児童の意見は、その児童の年齢及び成熟度に従って相応に考慮されるものとする。」としている。

（注3）なお、**試案の注2**では、飽くまで注意的に「父母（子と同居していない父母を含む。）」と記載しているものであるが、**試案の他の部分**における「父母」との記載が「子と同居する父母」のみに限定する趣旨のものではない。

2 子に対する父母の扶養義務

⑴ 未成年の子に対する父母の扶養義務の程度が、他の直系親族間の扶養義務の程度（生活扶助義務）よりも重いもの（生活保持義務）であることを明らかにする趣旨の規律を設けるものとする。

⑵ 成年に達した子に対する父母の扶養義務の程度について、下記のいずれかの考え方に基づく規律を設けることについて、引き続き検討するものとする（注）。

【甲案】

子が成年に達した後も引き続き教育を受けるなどの理由で就労をすることができないなどの一定の場合には、父母は、子が成年に達した後も相当な期間は、引き続き同人に対して上記⑴と同様の程度の義務を負うものとする考え方

【乙案】

成年に達した子に対する父母の扶養義務は、他の直系親族間の扶養義務と同程度とする考え方

（注） 成年に達した子に対する父母の扶養義務の程度については特段の規律を設けず、引き続き解釈に委ねるものとする考え方もある。

（補足説明）

1 未成年の子に対する親の扶養義務の程度

直系親族は、互いに扶養をする義務があるが（民法第877条第1項）、一般に、その扶養の程度については、一般の親族間の扶養義務が生活扶助義務（義務者が自己の生活を犠牲にしない程度で権利者の最低限の生活扶助を行う義務）であるのに対し、未成年の子に対する親の扶養義務は生活保持義務（子が自己と同水準の生活を保持する義務）であると解されている。その意味で、未成年の子に対する親の扶養義務は他の直系親族間の扶養義務よりも重いものであると解されているところであるが、このことを明確に規律する規定は存在しない。

そこで、**試案2⑴**は、このことを明確化するための規律を設けることを提示している。

なお、民法第828条ただし書は、子の養育の費用と子の財産の収益との相殺に関する定めをしているが、仮に、（子の財産状況にかかわらず）子の養育の費用は全て親が負担すべきであるとの考え方を採用するのであれば、この

規定を改正する必要があるのではないかとの指摘もあり得る。

2　成年に達した子に対する親の扶養義務の程度

(1)　**【甲案】**の概要

　　子に対する親の扶養義務の程度について、「未成年」の子だけでなく、（成年に達した）「未成熟」の子に対しても、親が生活保持義務を負うべきであるとの考え方がある。**【甲案】**は、このような考え方を踏まえ、一定の場合には、成年に達した子に対しても親が生活保持義務を負うものとする規律を提示するものである。

　　このような考え方においては、この「一定の場合」をどのように定めるかが問題となるが、例えば、経済的に自立していない子に対して親がいつまでも重い義務を負うこととすると、社会保障と親の扶養義務との関係が不明瞭となるなどの指摘がある。そこで、**【甲案】**では、「子が成年に達した後も引き続き教育を受けるなどの理由で就労をすることができないなどの一定の場合」に限定する考え方を示している。そして、このような一定の場合においても、親が生活保持義務を負う期間を一定の期間に制限するべきであるとの考え方もあり得る。

(2)　**【乙案】**の概要

　　他方で、成年に達した子に対する親の扶養義務を重くすることは、奨学金や社会保障に関する政策に悪影響を与えるなどの懸念を示す立場からは、成年に達した子に対する親の扶養義務を（他の直系親族と同様に）一律に生活扶助義務と理解すべきであるとの指摘がある。**【乙案】**はこのような指摘を踏まえた考え方を提示するものである。

　　なお、一般に、いわゆる「養育費」の取決めがされる際には、その支払期間が必ずしも子が未成年である間に限定されるわけではなく、その支払義務の有無や程度は、子が自ら稼働して経済的に自立することが期待できない場合に、両親の経済状況等の個別の事情を踏まえて判断されることとなるとされている。このことは、成年に達した子に対する親の扶養義務の程度を一律に生活扶助義務と理解する立場（**【乙案】**）を前提としても、同様である。もっとも、部会のこれまでの議論においては、いわゆる「養育費」の算定に関する従前の実務では（成年に達した）未成熟子に対する親の扶養義務が生活保持義務であるとの考え方が前提となっていたという認識を前提として、**【乙案】**が採用された場合には、成年年齢が２０歳から１８歳に引き下げられたこととも連動して、養育費の終期が従前の実務よりも早まるものと解釈されてしまうのではないかとの懸念や、（成年に達した）未成熟子に対する養育費の額が従前の算定結果よりも減額されることとなるのではないかとの懸念を示す意見も示された。

(3)　**注の考え方**

　　試案２(2)の本文は、**【甲案】**又は**【乙案】**のいずれかの考え方に基づいて

　成年に達した子に対する親の扶養義務の程度に関する明確な規律を設けることを提示するものである。もっとも、上記のようにこの点に関しては様々な考え方があることや、具体的な扶養義務を定めるに当たって考慮すべき事情は各事案によって様々であるため、【甲案】において親が生活保持義務を負う「一定の場合」や「一定の期間」を具体的に定めることは困難であることも考えられる。そのため、**試案２(2)の注**では、成年に達した子に対する親の扶養義務の程度についての特段の規律を設けず、引き続き解釈に委ねるものとする考え方を提示している。

　なお、**試案１及び２(1)**の趣旨は、養育費の対象となる期間についての現在の実務運用を変更しようとするものではないが、部会のこれまでの議論では、**試案１及び２(1)**の規律のみが設けられ、**試案２(2)**の規律が設けられなかった場合には、いわゆる「養育費」の対象となる子が原則として未成年の子に限定されるとの解釈がされるおそれがあるのではないかとの懸念も示された。

３　他の考え方

　部会のこれまでの議論においては、**試案２(1)及び(2)**の提示とは異なり、「未成熟」の子に対する父母の扶養義務の程度が、他の直系親族間の扶養義務の程度（生活扶助義務）よりも重いもの（生活保持義務）であることを明らかにする趣旨の規律を設けるものとした上で、「未成熟」の概念について引き続き解釈に委ねるものとしてはどうかとの意見も示された。

第２　父母の離婚後等の親権者に関する規律の見直し
１　離婚の場合において父母双方を親権者とすることの可否
【甲案】

　　父母が離婚をするときはその一方を親権者と定めなければならないことを定める現行民法第８１９条を見直し、離婚後の父母双方を親権者と定めることができるような規律を設けるものとする（注）。

【乙案】

　　現行民法第８１９条の規律を維持し、父母の離婚の際には、父母の一方のみを親権者と定めなければならないものとする。

（注）　本文の【甲案】を採用する場合には、親権者の変更に関する民法第８１９条第６項についても見直し、家庭裁判所が、子の利益のため必要があると認めるときは、父母の一方から他の一方への変更のほか、一方から双方への変更や双方から一方への変更をすることができるようにするものとする考え方がある。なお、このような見直しをした場合における新たな規律の適用範囲（特に、改正前に離婚した父母にも適用があるかどうか）については、後記第８の注２のとおり、引き続き検討することとなる。

（補足説明）

1　検討の背景とアプローチ

　現行民法は、父母の婚姻中はその双方が共同して親権を行うことを原則としている一方で、父母の離婚後は、父母の一方を親権者と定めなければならないこととして、父母がともに親権者となることを認めていない。

　これに対しては、父母の離婚後もその双方が子の養育に責任を持ち、子に関する事項が父母双方の熟慮の上で決定されることを確保すべき場合があり、これに対応するための規律が必要であるとして、父母の離婚後の親権に関する規律の見直しを求める意見がある。平成23年の民法改正の際の衆議院及び参議院の各法務委員会の附帯決議においても、「・・・離婚後の共同親権・共同監護の可能性を含め、その在り方全般について検討すること」が求められているほか、国際的にも、例えば、児童の権利委員会による日本の第4回・第5回政府報告に関する総括所見（2019年）において、「児童の最善の利益である場合に、外国籍の親も含めて児童の共同養育を認めるため、離婚後の親子関係について定めた法令を改正し、また、非同居親との人的な関係及び直接の接触を維持するための児童の権利が定期的に行使できることを確保すること」が求められるに至っている（注）。

　試案第2は、こういった意見を踏まえ、父母の離婚等の場面における親権に関する規律の見直しの要否や是非を検討した上で、これを見直すとした場合に考えられる規律の内容を試みに提示するものである。

　父母の離婚後における親権に関する規律の在り方を検討するに当たっては、父母の離婚後もその双方が子の養育に共同で関与することが相当かどうかや、父母の離婚後の親権者を1人に限定することが相当かどうかなどといった単純な二者択一の議論をするのではなく、離婚を巡る事情がそれぞれの家庭によって多種多様であることを踏まえ、様々な角度からこの問題にアプローチすべきであるとの指摘がある。そこで、この**試案**では、①父母の離婚後にその双方を親権者とすることを可能とするか、②これを可能とする場合には、父母の双方を親権者とすることを原則とするか、その一方のみを親権者とすることを原則とするか、③離婚後の父母の双方が親権者となった場合の親権行使の方法や意見対立が生じた場合の調整方法をどのように定めるかなど、様々な論点について、あり得る考え方の一例を提示しているところである。いずれの論点についても、当該論点に掲げられた複数の案の当否を単純な二者択一で議論することができるわけではなく、他の論点と相互に関連付けて検討する必要があると考えられる。例えば、**試案第2の1**で取り上げた論点についても、父母の離婚後にその双方が親権者となるかその一方のみが親権者となるかを選択可能とする**【甲案】**と、現行の規律のように父母の離婚後はその一方のみが親権者となるものとする**【乙案】**の両案の内容のみを見比べて結論を出すのではなく、**試案の後記第2の2から4までの本文及び注**で提示した様々

な考え方を含め、あり得る選択肢（【甲案】を採用する場合の選択肢の中には、【乙案】の考え方から大きく離れたものもあれば、【乙案】に非常に近いものまで、様々なものが含まれる。）を総合的に検討し、子の最善の利益の確保につながる適切な規律の在り方を模索していく必要があると考えられる。

2　【甲案】の概要

⑴　現行民法第819条第1項は、父母が協議上の離婚をするときは、その協議で、その一方を親権者と定めなければならないものと定め、父母の離婚後にその双方が親権者となることを許容していない。また、同条第2項は、裁判離婚においても、裁判所が父母の一方を親権者と定めるものとしており、裁判所が父母の双方を親権者と定めることを許容していない。子の出生前に父母が離婚した場合についても、同条第3項は、父母双方を親権者と定めることを許容していない。

⑵　【甲案】は、このような規律を改め、父母の離婚の場合において、その双方を親権者と定めることができるような規律を設けるものとすることを提示するものである。

　　【甲案】を支持する考え方の1つとしては、父母の離婚後もその双方が子の養育に責任を持ち、子に関する事項が父母双方の熟慮の上で決定されることが望ましいことがあるとの考え方を肯定しつつも、他方で、離婚を巡る事情は各家庭によって様々であり、事案によっては父母の一方のみを親権者とした方が望ましい場合もあることを踏まえ、父母の双方を親権者とするかその一方のみを親権者とするかについて、幅広い選択肢を与えようとする考え方がある。

　　【甲案】のような規律を導入するに当たっては、どのような場合に父母の双方を親権者とすべきか、また、どのような場合にその一方のみを親権者とすべきかの枠組みや要件設定が問題となるため、**試案の後記第2の2**では、この点について一定の基準や要件を設けるべきであるとの考え方を取り上げている。

⑶　**試案の注**の考え方

　　現行民法第819条第6項は、父母の離婚の場合にその親権者が定められた後、子の利益のために必要があると認められるときは、家庭裁判所が、子の親族の請求によって、その親権者を他の一方に変更することができるものとしている。また、この規定によれば、親権者の変更には家庭裁判所の関与が必須であるものと解されており、父母間の協議のみによって親権者の変更をすることはできないと解されている。

　　仮に、【甲案】の考え方を採用し、父母の離婚の場合において、その双方を親権者と定めることができるような規律を設けた場合には、親権者の変更についても、家庭裁判所の判断により、①父母の一方から他の一方への変更、②父母の一方からその双方への変更、③父母の双方からその一方への変

更をすることができるようにするものとすることが考えられる。**試案の注**は、このような見直しをする考え方を提示するものである。

なお、仮にこのような**注**の考え方に基づく法改正をした場合には、その改正後の新たな規律（特に、親権者を父母の一方から双方に変更することができるものとする規律）が、当該法改正前に離婚した父母にも適用されるものとするかどうかが問題となり得る。この問題については、改正後の実質的な規律の内容を踏まえた上で、引き続き検討する必要があると考えられるが、例えば、①父母の離婚が改正法施行前であれば親権者の変更については法改正後も旧法（現行民法第８１９条第６項）を適用するものとして、家庭裁判所は、子の利益のために必要があると認められるときは、親権者を父母の一方から他の一方に変更することのみができる（親権者を父母の双方と定めることはできない）とする考え方と、②父母の離婚が改正法施行前であっても親権者の変更については新法を適用するものとして、家庭裁判所は、当該新法に定められた要件を満たすと認められるときは、親権者を父母の一方から他の一方に変更するか、親権者を父母の双方に変更するかの判断をすることができるものとする考え方があり得る。

このほか、現行民法第８１９条によれば父母間の協議のみによって親権者の変更をすることはできないこととされているものの、この点を見直し、家庭裁判所の関与なく父母間の協議のみで親権者の変更をすることができるものとするかどうかについても、戸籍の届出の在り方も含め、検討する余地があるのではないかとの指摘があり得る。

3　【乙案】の概要

離婚後の父母の双方が共同して親権を行使することとなると、子の監護教育や財産管理に関する意思決定及びそれに基づく法定代理権の行使を適時に行うことができないおそれがあるとの弊害や、婚姻中及び離婚時に父母間に存在していた紛争や父母の一方から他方に対する支配・被支配の関係が離婚後も継続し、子がその紛争等にさらされ続けるおそれがあるとの弊害も指摘されている。【乙案】は、こういった指摘を踏まえ、現行民法第８１９条の規律を維持し、父母の離婚の際には父母の一方のみを親権者と定めなければならないものとすることを提示している。

【乙案】の根拠としては、上記のような弊害の指摘を特に重視して、父母が婚姻関係にない場面においては、常にその一方のみが子の親権を行使することとした方が、その安定的な養育を確保することができ、子の最善の利益につながるとの考え方がある。また、離婚後の父母の双方が子の養育に関与することが適切な場合があることを肯定する立場であっても、**試案の後記３の本文及び注**に示された各論点について、父母の双方が親権者となった場合に生じ得る弊害を回避することができるような仕組みを設けることができないのであれば、こういった弊害を回避することができる環境を整備するまでは現行

民法第８１９条の規律を維持するのが相当であるとする考え方もある。

4 離婚後の親権制度と養育費・親子交流との関係性

　　民法第７６６条は、父母の離婚時に、子の監護に関する事項として、養育費や親子交流などの事項が、父母間の協議又は家庭裁判所の手続により定められる旨を規定している。これらの事項は、いずれも、親権の行使として行われるものではないため、同法の解釈としては、父母の双方が親権者となるかその一方のみが親権者となるかは、養育費の支払義務の有無や程度には影響しないとの考え方があり得る。このような考え方を前提とすれば、養育費の支払確保等の必要性は、【甲案】及び【乙案】のいずれの根拠にもならないこととなる。

　　他方で、【甲案】を支持する立場からは、民法上の解釈として別居親の親権の有無が養育費の支払義務の有無や程度には影響しないとしても、別居親が親権者として子の養育に一定の関与をすることができるものとなれば、事実上の効果として、別居親が任意にその養育費の支払をする動機付けがされるのではないかとの指摘もあり得る。もっとも、このような指摘に対しては、親権の有無や親子交流の頻度等と養育費の任意支払の可能性との間の関連性は、事実上の効果としても判然としないとの指摘や、父母双方が身上監護を分担する場合には、父母の一方のみが身上監護を行う場合と比べて、養育費の額が減額される可能性もあるのではないかとの指摘もある。

　　このほか、親子交流の取決めについても、現在の実務を前提とする限り、親権の有無によっては変わらないとの指摘もあるが、他方で、これを親権の有無と関連付けて議論する考え方があり得るところであり、部会のこれまでの議論では、例えば、親権を有する別居親と、親権を有しない別居親とでは、親子交流の頻度や方法が異なる可能性があるのではないかといった意見も示された。

（注）　部会のこれまでの議論では、児童の権利委員会による日本の第４回・第５回政府報告に関する総括所見（２０１９年）において勧告されているのは共同「養育」であり、離婚後の父母双方が「親権」を有するものとすることが求められているわけではないのではないかとの意見も示された。

2 親権者の選択の要件

　　上記１【甲案】において、父母の一方又は双方を親権者と定めるための要件として、次のいずれかの考え方に沿った規律を設けるものとする考え方について、引き続き検討するものとする（注）。

【甲①案】

　　父母の離婚の場合においては、父母の双方を親権者とすることを原則とし、一定の要件を満たす場合に限り、父母間の協議又は家庭裁判所の裁判に

　　　　より、父母の一方のみを親権者とすることができるものとする考え方
　【甲②案】
　　　　父母の離婚の場合においては、父母の一方のみを親権者と定めることを
　　原則とし、一定の要件を満たす場合に限り、父母間の協議又は家庭裁判所の
　　裁判により、父母の双方を親権者とすることができるものとする考え方

（注）　本文に掲げたような考え方と異なり、選択の要件や基準に関する規律を設けるので
　　　はなく、個別具体的な事案に即して、父母の双方を親権者とするか一方のみを親権者
　　　とするかを定めるべきであるとの考え方（甲③案）もある。他方で、本文に掲げたよ
　　　うな選択の要件や基準がなければ、父母の双方を親権者とするか一方のみを親権者
　　　とするかを適切に判断することが困難であるとの考え方もある。

（補足説明）
1　【甲①案】の概要
　　離婚後の父母の双方が親権者となることを認める制度を導入するに当たっ
　ては、どのような場合に双方を親権者とし、どのような場合に一方のみを親権
　者とするのかが問題となる。
　　この問題に関し、例えば、父母の離婚後もその双方が子の養育に責任を持ち、
　子に関する事項が父母双方の熟慮の上で決定されることが子の最善の利益に
　資するとの考えを重視する立場によれば、離婚後も父母双方が親権者となる
　ことが原則であって、一定の要件を満たす場合に限って、例外的に、父母の一
　方のみを親権者と定めるといった仕組みを構想することとなる。【甲①案】は、
　このような考え方を提示するものである。この一定の要件の下での例外をど
　の程度広く許容するかについては様々な考え方があり得るところであるが、
　例えば、ＤＶや虐待が認められる事案への対応の観点からは、親権喪失の要件
　（父又は母による虐待又は悪意の遺棄があるときその他父又は母による親権
　の行使が著しく困難又は不適当であることにより子の利益を著しく害すると
　き）や親権停止の要件（父又は母による親権の行使が困難又は不適当であるこ
　とにより子の利益を害するとき）を参考とすることが考えられる。また、離婚
　後の父母双方が共同して親権を行使することとなると、父母双方が協力する
　ことができる関係性が構築されていない限り、親権行使を適時に行うことが
　できないおそれがあるとの懸念を重視する立場からは、ＤＶや虐待といった
　事情に限らず、親権行使を円滑に行うことができるかといった観点からの要
　件設定を検討することがあり得る。
　　また、協議離婚の場面を念頭においた際には、父母の離婚後の親権者をどの
　ように定めるかについては、現行民法第８１９条第１項と同様に父母間の協
　議によることを基本としつつ、父母間の協議が調わないときや協議をするこ
　とができないときは家庭裁判所の裁判により判断するものとする考え方があ

る。他方で、このような考え方に対しては、親権者の定めを父母間の協議のみに委ねるのでは上記の「一定の要件」を満たしているかどうかが適正に判断されないおそれがあるとして、「一定の要件」の充足性を公的機関や法律家等の第三者が確認する仕組みを検討すべきではないかとの指摘もある。

２　**【甲②案】**の概要

　父母双方が親権者となった場合に生ずる弊害をより強く懸念する立場によれば、父母双方が親権者となることにより一層慎重な制度設計を検討することとなる。**【甲②案】**は、このような考え方に基づき、父母の離婚後はその一方のみが親権者となることを原則とした上で、一定の要件を満たす場合に限って父母双方を親権者と定めることができるものとする考え方を提示している。

　【甲②案】の「一定の要件」をどのように定めるかについても、様々な考え方がある。例えば、父母双方が親権者となる場合には、その意見対立が生じた場合に適時に親権行使をすることができない可能性があることを強く重視し、父母の一方のみが親権者となった方が子の最善の利益に資する場合が多いとの考え方に基づけば、父母間の協議により又は家庭裁判所の裁判により父母の双方を親権者と定めるための要件として、それが子の最善の利益のために必要があることを要求すべきであるとする考え方があり得る。また、裁判離婚の場面においては父母間の葛藤が特に強い場合が多く、父母双方が協力して子の養育に当たる関係性が構築されていないことも多いと考えられることを念頭に、家庭裁判所の裁判により親権者を定める際には、父母間の合意がある場合に限ってその双方を親権者と定めることができるものとする考え方もあり得る。

　このほか、例えば、離婚前にＤＶや虐待の被害があった事案においては、父母間に一定の支配関係が存在することが少なくなく、その協議のみによっては子の最善の利益に資する内容の定めがされないのではないかとの懸念も指摘されている。こういった懸念を重視する立場からは、父母間の協議のみに委ねるのではなく、公的機関や法律家等の第三者による確認を要求すべきであるとの考え方もある。部会のこれまでの議論においても、「協議離婚」の事案の中にも、父母が離婚の際の条件について十分な協議をすることなく離婚の届出をしているものも相当数あるのではないかとの指摘もされた。

３　**試案の注**の考え方

　試案２の本文の**【甲①案】**や**【甲②案】**の考え方は、いずれも、親権者を父母の双方とするか一方とするかについて一定の要件や基準を設けた方が、親権者の選択の場面において子の最善の利益に資する定めがされるであろうとの考え方に基づくものである。

　しかし、この考え方に対しては、離婚を巡る事情がそれぞれの家庭によって多種多様であることを踏まえれば、父母の双方を親権者とすることが子の最

善の利益に資するか、それともその一方のみを親権者とすることが子の最善の利益に資するかは、結局のところ各事案における様々な事情を考慮しなければ決することができないため、画一的な要件設定をすることが困難ではないかとの指摘がある。**試案の注前段（甲③案）**は、このような指摘を踏まえ、**試案2の本文**の各考え方とは異なり、親権者を父母の双方とするか一方とするかについて特段の基準を設けることなく、個別具体的な事案に即して、父母の双方を親権者とするか一方のみを親権者とするかを定めるべきであるとの考え方を提示するものである。**甲③案**においても、親権者の定めは、父母間の協議が調うのであれば父母間の協議により定めることとなり、この協議が調わないときや協議をすることができないときは家庭裁判所がその定めをすることとなる。

　他方で、**甲③案**の考え方に対しては、**試案2の本文**の**【甲①案】**や**【甲②案】**を支持する立場から、特に家庭裁判所が判断する上では、一定の要件や基準がなければ、父母の双方を親権者とするか一方のみを親権者とするかを適切に判断することが困難であるとの指摘もあり、**試案の注後段**では、このような考え方を提示している。

3　離婚後の父母双方が親権を有する場合の親権の行使に関する規律
（本項は、上記1において【甲案】を採用した場合の試案である。）
⑴　監護者の定めの要否
【A案】
　　離婚後に父母の双方を親権者と定めるに当たっては、必ず父母の一方を監護者とする旨の定めをしなければならないものとする。
【B案】
　　離婚後に父母の双方を親権者と定めるに当たっては、父母の一方を監護者とする旨の定めをすることも、監護者の定めをしないこと（すなわち、父母双方が身上監護に関する事項も含めた親権を行うものとすること）もできるものとする（注1）。
⑵　監護者が指定されている場合の親権行使
　ア　離婚後の父母の双方を親権者と定め、その一方を監護者と定めたときは、当該監護者が、基本的に、身上監護に関する事項（民法第820条から第823条まで〔監護及び教育の権利義務、居所の指定、懲戒、職業の許可〕に規定する事項を含み、同法第824条〔財産の管理及び代表〕に規定する財産管理に係る事項や、財産上・身分上の行為についての法定代理に係る事項及び同法第5条〔未成年者の法律行為〕に規定する同意に係る事項を含まない。）についての権利義務を有するものとする考え方について、そのような考え方を明確化するための規律を設けるかどうかも含め、引き続き検討するものとする（注2）。

　　イ　離婚後の父母の双方を親権者と定め、父母の一方を監護者と定めたときの親権（上記アにより監護者の権利義務に属するものを除く。）の行使の在り方について、次のいずれかの規律を設けるものとする。

【α案】
　　　監護者は、単独で親権を行うことができ、その内容を事後に他方の親に通知しなければならない。

【β案】
　　①　親権は、父母間の（事前の）協議に基づいて行う。ただし、この協議が調わないとき、又は協議をすることができないときは、監護者が単独で親権を行うことができる（注３）。
　　②　上記の規律に反する法定代理権及び同意権の効力は、現行民法第８２５条〔父母の一方が共同の名義でした行為の効力〕と同様の規律による。

【γ案】
　　①　親権は父母が共同して行う。ただし、父母の一方が親権を行うことができないときは他の一方が行うものとする。
　　②　親権の行使に関する重要な事項について、父母間に協議が調わないとき又は協議をすることができないとき（父母の一方が親権を行うことができないときを除く。）は、家庭裁判所は、父又は母の請求によって、当該事項について親権を行う者を定める（注４）。
　　③　上記の各規律に反する法定代理権及び同意権の効力は、現行民法第８２５条〔父母の一方が共同の名義でした行為の効力〕と同様の規律による。

⑶　監護者の定めがない場合の親権行使（注５）
　　ア　（上記⑴【Ｂ案】を採用した場合において）監護者の定めがされていないときは、親権（民法第８２０条から第８２３条まで〔監護及び教育の権利義務、居所の指定、懲戒、職業の許可〕に規定する身上監護に係る事項、同法第８２４条〔財産の管理及び代表〕に規定する財産管理に係る事項や、財産上・身分上の行為についての法定代理に係る事項及び同法第５条〔未成年者の法律行為〕に規定する同意に係る事項を含む。）は父母が共同して行うことを原則とするものとする。ただし、父母の一方が親権を行うことができないときは他の一方が行うものとする。
　　イ　親権の行使に関する重要な事項について、父母間に協議が調わないとき又は協議をすることができないとき（父母の一方が親権を行うことができないときを除く。）は、家庭裁判所は、父又は母の請求によって、当該事項について親権を行う者を定める（注６）。
　　ウ　上記の各規律に反する法定代理権及び同意権の効力は、現行民法第８２５条〔父母の一方が共同の名義でした行為の効力〕と同様の規律に

よる。

⑷　子の居所指定又は変更に関する親権者の関与

　　離婚後に父母の双方を親権者と定め、父母の一方を監護者と定めた場合における子の居所の指定又は変更（転居）について、次のいずれかの考え方に基づく規律を設けるものとする。

【Ｘ案】

　　上記⑵アの規律に従って、監護者が子の居所の指定又は変更に関する決定を単独で行うことができる。

【Ｙ案】

　　上記⑵アの規律にかかわらず、上記⑵イの【α案】、【β案】又は【γ案】のいずれかの規律により、親権者である父母双方が子の居所の指定又は変更に関する決定に関与する。

（注１）本文の【Ｂ案】の考え方の中には、①一定の要件を満たさない限りは原則として監護者の定めをすべきではないとの考え方や、②一定の要件を満たさない限りは原則として監護者の定めをすべきであるとの考え方、③監護者の定めをするかどうかの選択の要件や基準については特段の規律を設けずに解釈に委ねるものとすべきであるとの考え方などがある。また、監護者の定めをしないことを選択するに当たっては、「主たる監護者」を定めるものとすべきであるとの考え方がある。さらに、父母の双方が親権者となった場合の「監護者」や「主たる監護者」の権利義務の内容については、父母の一方が親権者となって他の一方が「監護者」と定められた場合との異同も意識しながら、引き続き検討すべきであるとの考え方がある。

（注２）本文⑵アの考え方を基本とした上で、子の監護に関する事項であっても、一定の範囲の事項（例えば、子の監護に関する重要な事項）については、本文⑵イの各規律によるものとすべきであるとの考え方がある。

　　　　また、本文⑵アの考え方及び本文⑵イの規律を基本とした上で、子の財産管理に関する事項や法定代理権又は同意権の行使であっても、一定の範囲（例えば、重要な事項以外の事項）については、監護者が単独でこれを行うことができるものとすべきであるとの考え方がある。

（注３）本文の【β案】を採用した場合において、監護者と定められた親権者の一方が子の最善の利益に反する行為をすることを他方の親権者が差し止めるための特別の制度を新たに設けるべきであるとの考え方がある。

（注４）本文の【γ案】②と異なり、親権の行使に関する重要な事項について、父母間に協議が調わないとき等には、家庭裁判所が、父又は母の請求によって、当該事項についての親権の行使内容を定めるものとする考え方がある。

（注５）本文の⑶のような規律を設ける場合には、婚姻中の父母がその親権を行うに当たって意見対立が生じた場面においても、家庭裁判所が一定の要件の下で本文の⑶イのような形で父母間の意見対立を調整するものとするとの考え方がある。

　　また、婚姻中の父母の一方を監護者と定めた場合の親権の行使について、上記本文
　3⑵及び⑷と同様の規律を設けるものとするとの考え方がある。
（注6）本文の⑶イの規律についても、上記（注4）と同様の考え方がある。

（補足説明）
1　検討の必要性
　　現行民法第818条第3項は、父母の婚姻中は父母が共同して親権を行使
　するものと定めている。**試案の前記第2の1【甲案】**を採用した場合には、離
　婚後の父母双方を親権者と定めることができることとなるが、その際の親権
　行使の在り方は、当然には婚姻中と同様とは限らない。
　　そこで、**試案3**では、**【甲案】**を採用した場合において、離婚後の父母双方
　が親権者となった際の親権行使に関する規律について、考えられ得る選択肢
　を提示することを試みるものである。
2　検討の前提としての現行民法の整理
　　部会においては、離婚後の父母双方が親権者となる場面における親権行使
　の在り方を検討する前提として、「親権」の概念の整理や「子の監護をすべき
　者」が定められた場合の効果などについて、現行民法の解釈の整理がされた。
　⑴　親権の概要
　　　一般に、親権は、身上監護権（子の監護及び教育をする権利義務）と財産
　　管理権（子の財産を管理し、子の財産上の法律行為について子を代理するな
　　どの権利義務）からなると解されている。
　　　そして、このうちの身上監護権については、民法第820条に「親権を行
　　う者は、子の利益のために子の監護及び教育をする権利を有し、義務を負う」
　　旨の総則的な規定が設けられた上で、居所指定権（同法第821条）、懲戒
　　権（同法第822条）（注1）、職業許可権（同法第823条）などの個別的
　　な規定が設けられており、また、第三者に対する妨害排除請求権（第三者が
　　子を自らの監護下に置くことで親権者による親権行使を違法に妨害してい
　　る場合であって、その状態が子の自由意思に基づくものではないようなと
　　きに、親権者が、第三者に対し、子の引渡しを求めることができる権利）が
　　含まれると解されている。
　　　他方で、財産管理権については、民法第824条が、「親権を行う者は、
　　子の財産を管理し、かつ、その財産に関する法律行為についてその子を代表
　　する。」旨を規定し、また、未成年者の法律行為については、同法第5条が
　　「その法定代理人の同意を得なければならない」として親権者の同意権を
　　規定している。
　⑵　「子の監護をすべき者」についての現行民法の定め
　　　現行民法では、「子の監護をすべき者」（以下、単に「監護者」というこ
　　とがある。）を父母間の協議又は家庭裁判所の手続により定めることができる

旨を定めている（同法第７６６条参照）。「監護者」の定めがされる場面としては、①父母の離婚後にその一方を親権者と定め、他の一方を監護者と定める場面と、②婚姻中の父母の双方が親権者である状態で、その一方を監護者と定める場面（同条類推適用）がある。

　もっとも、現行民法において、監護者が定められた場合の効果については、同法第７６６条第４項が「監護の範囲外では、父母の権利義務に変更を生じない」旨を規定するのみで、このほか、監護者がどのような権利義務を有するかを明確に定めた規定はない。そのため、父母の離婚後にその一方が親権者と定められ、他方が監護者と定められた場面において、親権者や監護者がどのような権利義務を有するかについては、解釈により判断されることとなる。

　部会のこれまでの議論においては、後記(3)から(6)までのとおり、監護者の定めがされた場面に関する現行民法の解釈についての一定の整理がされたところであり、監護者が子の日常的な身の回りの世話をすべき地位にあるということを前提として議論が進められた。もっとも、この場合の親権者や監護者の権利義務の具体的な内容については様々な解釈があり、解釈が不明確な部分もあるとの指摘もされた。

(3)　監護者が定められた場合の身上監護権の行使に関する現行民法の解釈

ア　現行民法の１つの解釈として、監護者の定めは、親権のうち身上監護権を切り出してこれを監護者に帰属させるものであるとの考え方があり、これによれば、監護者が指定されている場合には、身上監護（その具体的な内容は上記(1)の整理のとおり）は、全て監護者が単独で行うこととなる。

イ　もっとも、このような考え方に対しては、現行民法の解釈論として又は立法論として、監護教育に関する事項であっても、一定の範囲において、その権利及び義務が親権者に留保されていると考えるべきであるとの指摘もある。部会のこれまでの議論においても、例えば、子の身上監護には、①重要な事項についての決定と、そのような決定に基づいて行われる②日常的な事項の決定及び③事実としての監護及び教育という質の異なるものが含まれていると分析した上で、このうちの①についての権利義務は親権者に帰属させ、②及び③についての権利義務は監護者に帰属させるものとすべきであるとの考え方も示されてきた。この考え方において、「重要な事項」の範囲をどのように解すべきかについては様々な考え方があり得るが、例えば、進学、就職、医療、宗教等に関する重要な決定については①に属するものと整理し、子の居所の指定は②に属するものと整理する考え方がある。

　このほか、部会のこれまでの議論では、監護者の定めがされた場合であっても親権者は一定の範囲で身上監護権を有し続けると解すべきであるとの考え方の指摘もされた。このような考え方は、監護者の定めがされた

場合には、親権者と監護者の双方ともが身上監護権を行使することができるものとした上で、身上監護について意見対立が生じた場合には、監護者と指定された者の判断が優先されるものとする考え方である。

(4)　財産管理権及び法定代理権の行使に関する現行民法の解釈

ア　現行民法の１つの解釈として、親権者とは別に監護者が指定された場面であっても、同法第８２４条に規定する財産管理権や、財産上の法律行為についての法定代理権や同意権（同法第５条）は、親権者に帰属するとの考え方がある。この考え方によれば、親権者とは別に監護者が定められている場合であっても、例えば、子を代理して契約（例えば、売買契約、在学契約や診療契約など）を締結する行為は、親権者が行うべきこととなる。

イ　もっとも、この考え方に対しては、実際の日常生活の中において、重要でない財産の管理や日常の些細な契約については、監護者が行うことがあり得るとの事実認識を前提として、この場面における法律関係を説明するための整理が必要なのではないかとの指摘がある。

また、上記アの考え方に対しては、日常的な身上監護をする上で子を当事者とする契約を締結する必要があると監護者が考えたとしても、親権者と監護者の意向が異なれば、監護者の意向に沿った契約の締結がされない結果として身上監護に支障を生ずるおそれがあるとの不都合も指摘されている（注２）。このような指摘を踏まえ、解釈論として又は立法論として、監護者が財産管理権や法定代理権の一部を行使することができるようにすべく、子の財産管理及び財産上の法律行為に関する事項を、①重要な事項と、②それ以外の日常生活に関する事項に区分した上で、①については親権者が行使し、②についてはその法定代理権も含めて監護者が行使するものとすべきであるとの考え方がある。

以上のような考え方に対しては、部会のこれまでの議論において、現状の戸籍制度を前提とする限り、監護者は（親権者と異なり）戸籍に記載される事項ではないため、仮に監護者に法定代理権の行使を認めるのであれば、取引の相手方となる者の保護の観点から、子の監護者が誰であるのかが公示されるような仕組みを整備する必要があるのではないかとの指摘もされた。

(5)　身分行為についての法定代理権

現行民法においては、財産上の行為については同法第８２４条において親権者の包括的な法定代理権が規定されている一方で、同条の法定代理権は身分行為には及ばないと解されており、子についてのある身分行為を親が法定代理することができるかどうかは、当該身分行為に係る規定の解釈適用によるものと解される（例えば、養子縁組の代諾に関する同法第７９７条第１項等）。そして、これらの身分行為に係る法定代理権の帰属について、

同法の１つの解釈として、①監護者が定められている場合であっても、これらの身分行為についての法定代理権は親権者に帰属するとの考え方がある。

　他方で、このような考え方に対しては、②身分行為の性質に応じて個別的に解釈すべきであり、監護者が子を法定代理することができるものと解すべき身分行為もあるとの批判もされている（注３）。これらの考え方のほか、身分行為を重要なものとそれ以外とに分類して、前者の事項については親権者が子を法定代理し、後者の事項については監護者が子を法定代理するとの考え方もあり得る。

⑹　父母間の協議による柔軟な選択の可能性

　現行民法の解釈論として又は立法論として、父母間の協議により、一定の事項に関する身上監護権又は財産管理権を父母の一方又は双方に任意に振り分けることもできるのではないかとの考え方がある。このような考え方によれば、例えば、上記⑴から⑸までの整理によれば本来は監護者に属するものと解釈される事項の一部について、（監護者と指定されていない）親権者にその権利義務を帰属させる旨を父母間の協議で定めることができるのではないかとの指摘があり得る。

　また、本来は親権者の権利義務に属するものと解釈される事項の一部について、（親権者ではない）監護者にその権利義務を帰属させることについても、父母間の協議により柔軟に定めることができるものとする考え方もあり得る。もっとも、このような考え方に対しては、現行民法第８１９条において親権者の変更には家庭裁判所の関与が必須とされていることとの関係で慎重に検討すべきではないかとの指摘もあり得る。さらに、親権者と定められた者以外の者に法定代理権を認めることに対しては、取引の保護の観点から、その権限の有無や内容を公示する仕組みについて検討する必要があるのではないかとの指摘もあり得る。

3　監護者等の定めの要否（**試案３⑴**）

⑴　検討の必要性

　上記の整理のとおり、親権には身上監護に関する事項と財産管理等に関する事項が含まれているのであるから、離婚後の父母双方を親権者と定めた場合には、別段の定めがない限り、親権は、身上監護に関する事項についても、財産管理等に関する事項についても、父母双方が共同して行うという考え方があり得る（**試案３⑶**参照）。

　もっとも、仮に離婚後の父母双方を親権者と定めた場合であっても、実際に子と同居してその監護教育をするのは、離婚後の父母の一方のみである場合が多いと考えられる。このような認識を前提として、部会では、離婚後の父母双方を親権者と定めるに当たっては、監護者の定めをすることで、子の身上監護（特に、日常的な事項に関する決定や、事実としての監護教育）をすべき主体やその責任の所在を明確にすべきではないかとの議論がされ

た。**試案3(1)**では、こうした議論を踏まえ、監護者の定めの要否について複
数の考え方を提示している。

⑵　**【A案】**の概要

　【A案】は、離婚後の父母双方を親権者と定めるに当たっては、必ず父母
の一方を監護者とする旨の定めをしなければならないものとする規律を提
示している。そして、監護者と定められた者は、**試案3(2)**のとおり、身上監
護に関する事項についての権利義務を有することとなる。

　【A案】を支持する意見の根拠としては、例えば、離婚後の父母が、子の
養育をするに当たって、日常的な事項に関する決定や事実としての監護教
育を常に共同することは困難であるとの指摘がある。また、監護者の定めを
することなく、日常的な事項についても父母間の協議に基づいて親権を行
う必要があるとすると、父母間の意見が対立したときに適時の意思決定を
することが困難となる結果として、子の最善の利益を害することとなりか
ねないとの指摘もある。

⑶　**【B案】**の概要

ア　**【B案】**の本文の考え方について

　【A案】の考え方に対しては、父母双方の共同によって子の養育をする
可能性を一律に制限する結果となるとの批判がある。

　そこで、**【B案】**は、親権者の定めだけではなく、身上監護の在り方に
ついても、様々な事情に応じた柔軟な対応を可能とするため、子の監護を
すべき者を定めることを一律には要求しない規律を提示するものである。

　【B案】を採用した場合において、監護者が定められなかったときには、
父母双方が、**試案3(3)**のとおり、身上監護権を含む親権を行使する（いわ
ば、父母が共同で監護をする）こととなる。なお、監護者が定められてい
ない場合においても、実際に子と同居してその監護教育をするのは父母
の一方のみであることがあるが、そのような場面では、父母間の明示的又
は黙示的な協議により、日常的な事項に関する決定や事実としての監護
教育を同居親に委ねたものと整理することができる場合が多いのではな
いかとの考え方があり得る。

　他方で、監護者が定められた場合は、その監護者のみが、**試案3(2)**のと
おり、身上監護に関する権利義務を有することとなる。

　【B案】の考え方において、監護者の定めをするかどうかについては、
父母間の協議により定めるものとすることや、父母間の意見が対立した
場合には家庭裁判所の裁判によって定めるものとすることが考えられる。

イ　**注1前段**の考え方について

　【B案】の考え方を採用するに当たっては、どのような場合に監護者の
定めをし、どのような場合に監護者の定めをしないことが適切であるか
の判断基準を設けた方が望ましいとの考え方があり得る。例えば、身上監

護についても父母双方が責任を持つことが子の最善の利益に資するとの考え方を重視する立場によれば、①父母の双方が親権者となる場合には、監護者の定めをしない（すなわち身上監護権についても父母双方が行う）のが原則であって、一定の要件を満たした場合に限って例外的に監護者の定めをすることができるものとする考え方（【B案】①）があり得る。このような考え方を採用した場合には、例えば、父母の一方が監護者の指定を求める旨の申立てをした場面では、家庭裁判所は、「一定の要件」を満たすものと認められない限りは監護者の定めをしない（すなわち、父母の双方が身上監護権を含む親権を行使するものとする）旨の判断をすべきこととなり、「一定の要件」を満たすと判断した場合は、その一方を監護者と定める旨の判断をすべきこととなる。

　他方で、日常的な身上監護に関する事項については、適時の意思決定が可能となった方が子の最善の利益に資するとの考え方を重視する立場によれば、②父母の双方が親権者となる場合であっても、原則として監護者の定めをすることで父母の一方のみが身上監護についての権利義務を有するものとすべきであり、一定の要件を満たした場合に限って例外的に監護者の定めをしないものとすることができるものとする考え方（【B案】②）があり得る。このような考え方を採用した場合には、例えば、父母の一方が監護者の指定を求める旨の申立てをした場面では、家庭裁判所は、「一定の要件」を満たすものと認められる場合に限り、監護者の定めをしない（すなわち、父母の双方が身上監護権を含む親権を行使するものとする）旨の判断をすべきこととなり、「一定の要件」が認められないと判断した場合は、その一方を監護者と定める旨の判断をすべきこととなる。

　もっとも、【B案】①や【B案】②の考え方に対しては、離婚を巡る事情がそれぞれの家庭によって多種多様であることを踏まえれば、父母の一方を監護者とした方が子の最善の利益に資するか、それとも監護者の定めをすることなく父母双方が身上監護権を含む親権を行使する方が子の最善の利益に資するかは、結局のところ各事案における様々な事情を考慮しなければ決することができないため、画一的な要件設定をすることが困難ではないかとの指摘があり得る。このような指摘によれば、監護者の定めをするかどうかの選択の要件や基準については特段の規定を設けず解釈に委ねるものとすべきであるとの考え方（【B案】③）もあり得る。

　試案の注1前段では、このような各考え方を提示している。
ウ　注1後段の考え方について
　【B案】の考え方の中には、監護者を一律に定める必要はないとしても、子の養育に当たっての「主たる監護者」を決めておくことが有益であるとの考え方もある。

　　もっとも、このような考え方については、「主たる監護者」がどのような権利義務を有することとなるのかを、「親権」や「監護権」の内容の整理も踏まえつつ、引き続き検討する必要がある。例えば、ある事項に関する親権行使について父母の意見が対立した場合に、「主たる監護者」に優先的な決定権を付与することなども考えられる。

　　このように、【A案】においても【B案】においても、「監護者」や「主たる監護者」がどのような権利義務を有するかが問題となり得るところである。また、「監護者」が定められる場面には、①離婚した父母の一方を親権者と定めた場合において、他の一方を監護者と定める場面のほか、②父母の双方が親権者である場合において、その一方を監護者と定める場面があり得るところであり、これらの各場面によって「監護者」の権利義務が異なるかどうかも含め、引き続き検討する必要があるとの考え方がある。これらの各場面のうち、①の場面については、現行民法の解釈の整理（上記2参照）及び**試案の後記第2の4**に提示されている考え方を踏まえ、引き続き検討する必要があり、②の場面については、**試案3⑵及び⑶**に提示されている各考え方も含め、引き続き検討する必要があると考えられる。

⑷　他の考え方（監護者の定めを禁止する考え方）

　　【A案】や【B案】とは異なり、父母の双方が親権者となる場合には、常に、身上監護を含めた全ての親権を父母双方が共同して行うものとすべきであるとの考え方もあり得る。このような考え方は、父母の離婚後もその双方が子の養育に責任を持つべきであるとの考え方を重視し、同居親と別居親の双方が共同して身上監護をすることが子の最善の利益に資すると考える立場に基づくものと整理することができる。

4　監護者が定められている場合の親権行使（**試案3⑵**）

⑴　親権のうち身上監護に関する部分について（**試案3⑵ア**）

　ア　**試案3⑵ア**の本文の考え方

　　離婚後の父母の双方を親権者と定めた場合において、その一方が監護者と定められたときには、基本的には、その一方の者（監護者と定められた方の親権者）が子と同居してその監護教育をすることが想定されると考えられる。

　　このような場合においては、上記2のとおりの現行民法の解釈の整理を踏まえれば、基本的には、同法第820条から第823条までに規定する身上監護に関する事項は、監護者と定められた親権者のみが行うものとする考え方があり得る。

　　他方で、親権のうち身上監護以外の部分（具体的には、民法第824条に規定する財産管理に係る事項や、財産上・身分上の行為についての法定代理に係る事項及び同法第5条に規定する法律行為の同意に係る事項）

については、当然には監護者が単独で行うことができることとはならない。

試案3(2)アの本文では、離婚後の父母の双方を親権者と定め、その一方を監護者と定めたときの当該監護者の権利義務の内容について、上記のような整理を基本とする考え方を提示している。

イ　注2の考え方

監護者が定められた場合の権利義務については、試案3(2)アの本文のような基本的な考え方のほか、上記2のとおり、解釈論として又は立法論として、様々な考え方があり得る。

例えば、試案3(2)アの本文の考え方を基本とした上で、身上監護に関する事項であっても、一定の範囲の事項（例えば、身上監護に関する重要な事項）については、監護者が単独で意思決定をするのではなく、（親権を有する）父母双方が熟慮の上で決定した方が子の最善の利益に資するとの指摘があり得る。このような指摘によれば、例えば、監護者が単独で行うことができる事項を、日常的な事項（重要な事項以外の事項）に限る旨の規律を設けるべきであるとの考え方があり得るが、このような考え方については、そのような「日常的な事項」に該当するかどうかについての明確な基準を設定することができるかどうかを含め、引き続き検討する必要があると考えられる。

また、試案3(2)アの本文の考え方に基づく監護者の権利義務に加えて、例えば、子の財産管理権や法定代理権又は同意権であっても、一定の範囲（例えば、重要な事項以外の事項）については、監護者が単独でこれを行うことができるものとすべきであるとの考え方もあり得る。このような考え方についても、監護者が単独で法定代理権等を行使することができる範囲を明確に定めることができるかどうかも含め、引き続き検討する必要があると考えられる。

ウ　規律の明確化

上記ア及びイのとおり、親権のうち監護者の権利義務に属することとすべき事項の範囲については、様々な考え方があるところである。そのため、明文の規定を設けることで監護者の権利義務の内容を明確化すべきであるとの考え方があり得る一方で、民法第766条第4項と同様に、監護者の定めが「監護の範囲外では、父母の権利義務に変更を生じない」旨を規定するにとどめ、「監護の範囲」の具体的な内容については引き続き解釈に委ねるものとする考え方もあり得る。そのため、試案3(2)アの本文では、今後の検討の際には、監護者の権利義務の内容を明確化するための規律を設けるかどうかを含めて、引き続き検討するものとしている。

(2)　親権のうち身上監護以外の権利義務について（試案3(2)イ）

監護者が定められた場合においても、親権のうち身上監護以外の部分（具

体的には、民法第８２４条に財産管理に係る事項や、財産上・身分上の行為についての法定代理に係る事項及び同法第５条に規定する法律行為の同意に係る事項）についての権利義務の行使は、基本的には、親権者である父母双方の関与の下で行われるものとすることが考えられる。部会のこれまでの議論においては、父母双方が関与する親権行使の在り方に関する規律としては、監護者でない親権者の関与の強さの度合いに応じて、複数の選択肢があり得るとの議論がされた。そこで、**試案３②イ**では、次のとおり、新たな規律の候補として、【α案】、【β案】及び【γ案】を併記することとしている。

ア　【α案】の概要

　【α案】は、「弱い規律」を提示するものであり、離婚後の父母の双方が親権者となる場合であっても、基本的には、監護者と定められた親権者が単独でその親権を行使する（例えば、監護者が単独で子を代理してある契約を締結するなど）ものとした上で、その内容を他方の親に通知しなければならないものとする考え方である。この規律によれば、監護者でない親権者は、監護者と定められた親権者による親権行使を事後的に監視することで、仮に不適切な親権行使があった場合に、親権者の変更や親権停止等の申立てをするなどの形で関与することが想定され得る。【α案】の考え方は、父母の離婚後の場合はその婚姻中と比較して父母の意見が対立する場合が多いと考えられることのほか、同居していない父母間での事前の協議を常に要求すると、親権行使を適時に行うことができなくなることなどを重視するものと整理し得る。

　もっとも、【α案】では、監護者でない親権者の関与が事後的なものに限られるため、監護者でない親権者が、監護者と定められた親権者による親権行使の際の意思決定の過程に事前に関与することが制度的に担保されないこととなる。

イ　【β案】の概要

　【β案】（中間的な規律）と【γ案】（強い規律）は、子に関する事項（親権のうち身上監護以外の事項）が父母双方の熟慮の上で決定されることが望ましいとの考え方を重視して、親権行使の際の事前の協議を要求する規律を提示するものである。そして、このような事前の協議の結果として、ある事項に関する親権行使の方針についての父母の意見が一致した場合には、父母が「共同して」親権を行うものと評価することができると考えられる（なお、現行民法第８１８条第３項は、婚姻中の父母が「共同して」親権を行う旨を定めるが、ここでいう「共同して」とは、父母の共同の意思で決定することをいうと解されているため、例えば、婚姻中の父母の一方が、他の一方との協議を経た上でその明示的又は黙示的な同意を得て、単独名義で親権を行使する場面は、父母が「共同して」親権を行

使したものということとなる。）。このように父母間の意見が一致する場面における具体的な親権行使の態様は、監護者と定められた親権者の単独名義となる場面が多いと考えられるが、このほか、父母の共同名義や、場合によっては、監護者でない親権者の単独名義となる場合もあり得る。

　もっとも、父母が共同して親権を行使することを厳格に要求すると、ある事項に関する親権行使について父母間の意見が対立した場面において、結果的に親権を行使することができない事態が生じ得るとの指摘がある。例えば、子の病気を治療するための方針として、監護者と定められた親権者がその子をある病院に入院させようと考えても、監護者でない親権者がこれに反対すると、子を当事者とする診療契約を締結することができなくなる結果として、適切な治療を受けさせることができなくなる場合もあり得る。このような結果に対しては、監護者でない親権者があたかも「拒否権」を有するかのような結果となり得ることとならないかとの批判がある。

　【β案】①のただし書は、このような「拒否権」が行使されるような事態を回避するため、父母間の協議が調わないときやその協議をすることができないときには、監護者と定められた親権者が単独で親権を行うことができるものとする規律を提示するものである。その意味で、【β案】は、親権の共同行使を原則としつつも、現行民法第８１８条第３項の定める婚姻中の父母の場面よりも、例外的に親権の単独行使が許容される場面を広く許容するものと整理することができるため、「弱い規律」と「強い規律」の中間に位置するものと位置付けることができる。

　なお、【β案】においては、監護者と定められた親権者が親権を行うことができないときに対応するための規律として、この場合には監護者でない親権者が単独で親権を行うことができるものとする考え方（現行民法第８１８条第３項ただし書参照）があり得る。

　【β案】②は、監護者と定められた親権者が、【β案】①の規律に違反して法定代理権等を行使した場合の効果について、取引の相手方となる第三者の保護の観点から、現行民法第８２５条と同様の規律を提示するものである（同条の趣旨については補足説明の後記5⑶参照）。

ウ　注3の考え方

　【β案】によれば、父母間の意見が対立した場面では、監護者と定められた親権者の意見が常に優先されるため、事案によっては、その意見が明らかに子の最善の利益に反するものであったとしても、監護者と定められた親権者がその行使を強行することができる結果となりかねない。

　そこで、そのような結果を回避するため、監護者でない者が、監護者と定められた者による単独での親権行使を差し止めることの可否やその方法を検討する必要がある。

　この問題について、現行民法の規律を活用する方策として、例えば、監護者の変更、親権者の変更が考えられる。また、虐待や医療ネグレクトがあるような場合には、親権喪失・親権停止等の仕組みにより、監護者と定められた親権者の権限を制約する方法があり得る。監護者でない親権者は、これらの審判の申立てと同時に、審判前の保全処分の申立てをすることも考えられる。

　もっとも、仮に、これらの規定のみで上記のような不当な親権行使を阻止し得ない場合があり得るとすれば、これに対応するための差止請求の仕組みが必要となり得る。このような差止請求権については、明文の規定を設けることなく、その要件や効果も含めて解釈に委ねるべきであるとの考え方と、親権者の一方による差止請求権のような特別の制度を新たに設けるべきであるとの考え方（**試案の注3の考え方**）があり得る。仮にこのような規律を設けるのであれば、どのような場面に対応するための規律が必要となるのかを踏まえ、差止請求の要件や効果をどのように定めるのかや、濫用的な差止請求がされる懸念があるかどうか、それを回避する仕組みを設けることができるかなどについて検討する必要があると考えられる。

　なお、部会のこれまでの議論においては、【α案】を採用した場合であっても上記のような事前の差止めの仕組みについて検討する必要があるのではないかとの意見も示された。

エ　**【γ案】及び注4の考え方の概要**

　【γ案】においても、親権のうち身上監護に関する事項については、**試案3(2)ア**の規律により、監護者と定められた親権者が行うこととなる。

　その上で、**【γ案】**は、身上監護以外の親権については、父母が共同して行使するものとするものとした上で、現行民法第818条第3項と同様に、父母の一方が親権を行うことができないときは、他の一方が単独で親権を行うことができることを提示している。**【γ案】**は、身上監護以外の親権行使の場面では、監護者と定められた親権者と監護者でない親権者が同一の権利義務を有するものとすべきであるとの考え方に基づくものであり、この意味で、「強い規律」を提示するものと整理することができる。

　もっとも、**【γ案】**においても、父母が共同して親権を行使することを厳格に要求すると、ある事項に関する親権行使について父母間の意見が対立した場面には、親権者の一方があたかも「拒否権」を有するかのような結果となり得る（**【β案】**に関する上記イの説明と同様である。）。そこで、**【γ案】**は、父母の意見が対立した場面に対応するための規律として、裁判所が関与してその意見を調整する手続を新たに設けるものとする考え方を提示している。

　このような裁判所の関与による意見調整の仕組みを設けるに当たっては、日常の些細な意見対立についてまで裁判所が関与することは不適切ではないかなどの様々な観点からの検討を要すると考えられ、例えば、上記のような裁判手続の対象を、重要な事項についての意見対立が生じた場合に限るものとする考え方があり得る。加えて、子の養育方針については様々な価値観があり得るところであり、家庭裁判所がそのような価値観の対立に立ち入った判断を適時・適切に行うことの可否や方法も含めて検討する必要があるとの指摘もある。

　こういった指摘も踏まえつつ、【γ案】②では、差し当たり考えられる仕組みの一例として、親権の行使に関する重要な事項について、家庭裁判所が、当該事項について親権を行う者を定めるものとする規律を提示している。このような仕組みを構想するに当たっては、家庭裁判所が関与することとなる「重要な事項」の範囲をどのように設定するかを検討する必要があると考えられるところであり、進学、就職、医療、宗教等に関する重要な決定については慎重な検討が必要であるとの考え方を踏まえれば、例えば、学校、就職先、病院又は宗教団体等との間で一定の契約を締結する場面における法定代理権又は同意権の行使について父母間の意見対立が生じた場面において、家庭裁判所がその意見調整を図るものとする考え方があり得る。

　他方で、裁判所の関与についての意見調整の仕組みとしては、【γ案】②と異なり、親権の行使に関する重要な事項について、父母間に協議が調わないとき等には、家庭裁判所が、当該事項についてどのような親権の行使をすべきかといった親権行使の内容を定めるものとすべきであるとの考え方もあり、この点を**試案の注４**で提示している。もっとも、このような考え方に対しては、家庭裁判所が親権行使の内容を適切に定めることが現実的に可能であるかといった疑問もあり得る。

　このほか、部会のこれまでの議論では、上記のような家庭裁判所における意見調整の仕組みを検討するに当たっては、家庭裁判所の審判に対する不服申立てや審判前の保全処分の可否・方法についても検討する必要があるとの意見も示された。

　なお、【γ案】においても、監護者と定められた親権者が、【γ案】①の規律に違反して法定代理権等を行使した場合の効果について、取引の相手方となる第三者の保護の観点から、現行民法第８２５条と同様とするものとする考え方がある（同条の趣旨については補足説明の後記５(3)参照）。

オ　【γ案】における裁判所の判断の在り方
　【γ案】②及び注４で提示されている裁判手続のいずれにおいても、家庭裁判所は、子の最善の利益に資するような判断をすることが求められ

ると考えられるが、子の養育方針については様々な価値観があり得ることを踏まえれば、対立する父母の意見のうちどちらの意見を優先すべきかを判断することは必ずしも容易ではない場面もあると考えられる。そのため、家庭裁判所の判断の指針となる考え方が必要ではないかとの指摘があり得る。

　そして、そのような指針の一例として、監護者の意見を優先的に取り扱うべきであるとの考え方もあり得るところであり、例えば、監護者と定められた親権者の判断が明らかに不合理なものでない限りは、裁判所がそれと異なる判断をすることができないものとすることなどが考えられ得る。

　また、子の最善の利益を考慮するに当たって、子の意見を考慮又は尊重すべきであるとの考え方を踏まえれば、親権行使に当たって父母の意見を調整する場面においても、家庭裁判所が子の意見を考慮（尊重）して判断すべきではないかとの指摘があり得る。なお、家事事件手続法第６５条においても、家庭裁判所は、家事審判の手続において子の意思を把握するように努めた上で、審判をするに当たり、子の年齢及び発達の程度に応じて、その意思を考慮しなければならない旨を定めている。

カ　【γ案】における重要な事項以外の意見対立の場面の調整

　【γ案】を採用した場合には、重要な事項以外の事項（日常的な事項など）についての意見対立が生じた場合の取扱いが問題となり得るところであるが、①各親権者が単独で親権を行うことができるものとする考え方と、②父母間の意見対立がある事項についてはどちらの親権者も親権を行うことができないものとする考え方があり得る。

⑶　補足的な検討課題（現に子を監護する親の権利義務）

　親は、「親権者」や「子の監護をすべき者」と定められていない場合であっても、例えば親子交流中のように、現に子と一緒にいて当該子の面倒を見る場合がある。このような場面において、子の食事等に関する事項や緊急の医療行為の必要が生じた事項について、現に子を監護する者がどのような権利義務を有することとなるかが問題となる。

　現行民法にはこの問題を直接規律する明文の規定はないものの、現に子を監護する親が、他の親の指示や許諾を逐一得なくても、一定の裁量に基づいて子の監護に関する一定の権限を有し、義務を負うと解すべきではないかとの指摘があり得る。

　部会では、このような指摘を踏まえ、現に子を監護する親が、その親としての法的地位に基づき、随時決定すべき事項及び緊急の事項についての権利義務を負うものと整理する考え方についての議論がされた。ここでいう「随時決定すべき事項」とは、子の食事や衣服のように、日常生活において、日々生ずる子に対する影響の大きくない事項が想定され、また、「緊急の事

項」とは、緊急の医療行為等が想定される。

　このような考え方を採用すれば、仮に父母双方が親権を共同して行うことを原則とする規律（【γ案】参照）を設けたとしても、例えば子の病気を治療するなどの緊急の事項について、父母間の協議が調わないために親権を適時に行使することができないといった不都合な結果を回避することができるとも考えられ得る。

　もっとも、部会のこれまでの議論においては、例えば、父母の一方が他の一方に無断でその子とともに別居を開始した場面を念頭に、そのような連れ去り行為が不当な連れ去りであるとの意見と、それがＤＶや虐待からの正当な避難であるとの意見の対立があり、前者の立場からは、そのような不当な連れ去りをした親に一定の権限を付与することは適切ではないとの批判もあった。

　そこで、部会における今後の議論においては、現に子を監護する親が単独で親権を行うことができる範囲について、一定の規定を設けるかどうかも含めて、引き続き議論することが考えられる。

⑷　各案における「監護者の定め」の意義

　上記のとおり、監護者が定められた場面における解釈や考え方についてはこの部会でも様々な意見が示され、現時点において統一的な考え方はない。また、部会におけるこれまでの議論では、【α案】、【β案】及び【γ案】のいずれを採用するかによっても、「監護者」の定めの意義が異なることとなるのではないかとの指摘もされた。例えば、【α案】と【β案】では、監護者を定めた場合には、①身上監護に関する権利義務を父母の一方に集中するという効果のほか、②（身上監護以外の事項も含めた）親権行使において優先的な決定権を持つという効果をもたらすと整理することができる一方で、【γ案】では、このうちの①の効果のみをもたらすこととなると考えらえる。今後、離婚後の父母双方が親権者となった場合の具体的な親権行使の在り方について検討するに当たっては、各案における「監護者」がどのような権利義務を有することとなるのかを意識した検討が必要であると考えられる。

5　監護者の定めがない場合の親権行使（試案3⑶）

⑴　試案3⑶アの規律の概要

　試案3⑴において【Ｂ案】を採用した場合には、監護者を定めない限り、父母の双方がいずれも親権（身上監護権及び財産管理権の双方を含み、法定代理権や同意権も含まれる。）を有し、これを行使することができる状態となる。

　試案3⑶アは、このような場面においては、父母の婚姻中と同様に、親権は父母が共同して行うことを原則とする規律を提示している。また、父母の一方が親権を行使することができない場合に対応する規律が必要であるこ

とは父母の婚姻中と同様であると考えられるため、**試案３⑶アのただし書**では、現行民法第８１８条第３項ただし書と同様の規律を設けることも提示している。

⑵　**試案３⑶イの規律の概要**

　父母が共同して親権を行使することを原則とすると、【β案】や【γ案】に対する懸念と同様に、ある事項に関する親権行使について父母間の意見が対立した場面において、結果的に親権を行使することができない事態が生じ得る。そこで、**試案⑶イ**では、父母間の意見が対立した場面の対応策として、【γ案】②と同様の仕組みを提示している。

⑶　**試案３⑶ウの規律の概要**

　現行民法第８２５条は、婚姻中の父母が共同して親権を行う場合において、父母の一方が、共同の名義で、子を代理して法律行為をしたとき等には、当該行為が他の一方の意思に反するものであっても、そのためにその効力を妨げられないものと定め、ただし、相手方が悪意であった（当該行為が当該他の一方の許諾がないことを知っていた）ときはこの限りではない（適法な追認がない限り無効となる）ものと定める。同条は、親権の共同行使の原則と取引の相手方となる第三者の保護との調整を図る趣旨の規定であるとされている。

　そして、**試案３⑶ア**を採用した場合には、離婚後の父母双方が共同して親権を行わなければならない場合において、親権者の一方が、他の一方に無断で子を代理して法律行為をしたときの効力が問題となる。そこで、**試案３⑶ウ**では、父母の離婚後の場面においても、現行民法第８２５条と同様の規律によって共同行使の原則と取引の安全との調整を図ることを提示している。

６　**子の居所指定に関する親権者の関与（試案３⑷）**

⑴　**【Ｘ案】の概要**

　父母の離婚後の子の監護において、子の居所指定は、父母のいずれと同居するものと定めるかに直結するものであり、その父母間の意見が特に対立する事項の１つであると考えられる。そこで、**試案３⑷**では、離婚後の父母の双方が親権者となる場面において、その一方が監護者である際の、子の居所指定に関する規律について、複数の考え方を提示している。

　まず、現行民法第８２１条は、子の居所は親権を行う者が指定した場所に定められなければならない旨を規律しており、このような居所指定に関する権利義務は、同法の一般的な解釈によれば、身上監護権に属するものと解されている。そのため、例えば、監護者が指定された場面では、居所指定に関する権利義務は当該監護者に属することとなり、監護者でない親権者は、その居所指定に関与することができないものとする考え方があり得る。【Ｘ案】は、このような考え方に基づき、監護者は、子の居所の指定又は変更に関する決定を単独で行うことができるものとする規律を提示している。

　もっとも、このような考え方を前提としても、監護者がその自由な裁量によって子の居所を任意に決定することができるわけではなく、**試案の前記第1の1の規律**を採用すれば、父母は、居所指定をするに当たっても、子の最善の利益を考慮しなければならないと考えられる。そして、事案によっては、監護者と定められた親権者が監護者でない親権者に無断で子を転居させることが、結果的に、監護者でない親権者による親権行使や親子交流の実施を事実上困難とさせる事態を招き、それが子の最善の利益に反する場合もあり得るとの指摘もある。そのため、【X案】を採用した場合であっても、監護者でない親権者に無断で子を転居させることが例外的に禁止されるときがあるとの解釈もあり得る。

⑵　【Y案】の概要

　【Y案】は、現行民法の一般的な解釈と異なり、監護者が指定された場合であっても居所指定に関する権利義務の一部が親権者に留保されると解すべきであるとの考え方に基づき、父母双方が子の居所の指定又は変更に関与することができるものとする規律を提示するものである。この考え方の根拠としては、①居所指定が子の養育にとって重要な事項であるから、父母双方の熟慮の上で決定されることが望ましいとの指摘や、②【X案】を採用すると、監護者でない親権者の関知しないままに子の転居が行われ、当該者による親権行使に実際上の支障が生ずるとの指摘などがあり得る。

　【Y案】においては、監護者でない親権者がその居所指定にどのように関与するかが問題となり得るところであるが、差し当たり考えられる規律の候補としては、**試案3⑵イの【α案】、【β案】又は【γ案】**のいずれかの考え方に沿った規律を設けることが考えられる（なお、一般的な親権行使の場面における規律と居所指定の場面の規律が必ずしも同一である必要はないため、例えば、**試案3⑵イの場面**（財産管理や法定代理等の場面）では【γ案】を採用しつつ、居所指定については【α案】又は【β案】を採用するといった考え方もあり得る。）。また、部会のこれまでの議論の中では、国内での転居と海外への転居では場面が異なるとして、例えば、国内での転居については【X案】を採用し、海外への転居については【Y案】を採用するという考え方もあり得るのではないかとの指摘もされた。

　【α案】、【β案】又は【γ案】のいずれを採用するかによる違いは、具体的には、子と同居親が転居する場面において生ずると予想される。

　【α案】を採用した場合には、監護者と子が転居する場合には、基本的には、監護者が単独で決定した上で、それを事後的に他の親権者に通知することが想定される。このような帰結は、上記の②の指摘に対応するものということができる。

　他方で、上記の①の指摘を重視する立場からは、【β案】及び【γ案】を採用すべきであるとの主張に結び付き、監護者と子が転居しようとする場

合には、基本的に（他の親権者が行方不明であるなどの例外的な場合を除いては）、父母間での事前協議をする必要があるということとなる。そして、転居の可否や転居先について父母間の意見が対立した場面では、【β案】によれば最終的には監護者の判断に従って転居をすることができ、【γ案】によれば、転居の可否や転居先についての父母間の意見対立を家庭裁判所が調整するということとなる。

　もっとも、このような【β案】や【γ案】の帰結に対しては、例えば、監護者が転勤等のやむを得ない事情によって子とともに転居する必要が生じた場合であっても、他の親権者がそれに同意しない限り事実上転居をすることが困難となり、結果として、監護者の転居の自由を侵害することとなりかねず、子の最善の利益にも反するとの批判もある。部会の中では、こういった問題とも関連して、監護者でない親権者が転居する場合にも、父母間の協議が必要とすべきではないか（監護者の転居の自由のみが制約される結果となるのは不平等ではないか）といった意見も示された。

　このほか、部会のこれまでの議論では、ＤＶや虐待からの速やかな避難が必要となる場合においても【Y案】の考え方を徹底することとなれば、その避難を困難とさせるとの批判も示された。

7　注５の考え方（婚姻中の父母の一方が監護者と定められた場合の規律）

⑴　**試案３⑴から⑷までの規律**は、いずれも、父母の離婚後の場面における規律を提示するものであるが、これらの規律を設ける場合には、婚姻中の父母の親権の共同行使についても一定の規律の整備が必要ではないかとの指摘がある。**試案の注５**では、このような観点からの考え方を提示している。

⑵　まず、現行民法第８１８条は、父母の婚姻中は、父母が共同して親権を行うことを原則とする旨を定めているが、親権の行使について父母間の意見が対立した場面における明文の調整規定を設けていない。

　このような現状に対しては、父母の意見が一致しないために親権を行えない状態となると、子の最善の利益に反する場合があるとの考えに基づき、一定の調整規定の整備が必要ではないかとの指摘がある。

　そこで、**試案の注５前段**では、婚姻中の父母がその親権の行使について意見対立を生じた場面においても、家庭裁判所が、**試案３⑶イ**のような形で意見対立を調整するものとすることを提示している。

⑶　また、現行民法においては、父母の婚姻中においても、同法第７６６条の類推適用により、親権を有する父母の一方が監護者と定められることがあるが、この場合における監護者の権利義務や親権者間の意見対立が生じた場合の調整方法については明文の規定がない。そして、父母の婚姻中に監護者が定められる典型的な場面では、父母が別居しその関係が必ずしも良好でないなど、あたかも離婚後の場面に類似した状況が生じ得るとの評価を重視すれば、離婚後の親権行使の規律と同様の規律を設けるのが適切であ

るとの考え方があり得る。

　　そこで、**試案の注5後段**では、婚姻中の父母の一方が監護者と定められた場合の規律として、**試案3(2)及び(4)**と同様の規律を設けるものとする考え方を提示している。

　　他方で、現行民法によれば、父母の婚姻中は、監護者指定の有無にかかわらず、父母が共同して親権を行使するのが原則である（**試案3(2)本文の【γ案】**や3(3)と同様の規律）とされているところであり、（仮に離婚後の場面では**【α案】又は【β案】**を採用する場合であっても）婚姻中については現行の規律を維持すべきであるとの考え方もあり得る。また、婚姻中の父母の一方が他方に無断で子を連れ去ることを防止する必要性を重視する立場からは、父母の婚姻中は、（監護者の指定の有無にかかわらず）子の居所の指定や変更は父母の協議に基づいて行われなければならないものとすべきであるとの考え方もあり得る。

（注1）なお、民法第822条については、法制審議会民法（親子法制）部会における調査審議の結果として、この規定を削除した上で、「親権を行う者は、第820条の規定による監護及び教育するに当たっては、子の人格を尊重するとともに、子の年齢及び発達の程度に配慮しなければならず、かつ、体罰その他の子の心身の健全な発達に有害な影響を及ぼす言動をしてはならない。」との規律を新たに設ける旨の要綱の答申がされており、令和4年10月、この要綱を踏まえた民法等の一部を改正する法律案が国会に提出された。

（注2）ただし、監護者と親権者との意見が対立した場合であっても、監護者が自らを名義人とする契約を締結することは可能であるとの指摘があり得る。

　　　　なお、現行民法において、父母の意見の対立が原因で子のために契約を締結することができなくなる場面は、親権者と別に監護者が定められている場合に限らず、父母の婚姻中においてその親権を共同して行使しなければならない場合にも生ずる。

（注3）裁判例で問題となったものとして、子の氏の変更の届出をすることの法定代理がある。釧路家裁北見支部昭和54年3月28日審判は、子の氏の変更の審判の申立てに関する限りでは、監護者が単独で子を代理して、審判の申立てをすることができるとする一方で、東京高裁平成18年9月11日決定は、家庭裁判所の審判による許可を得た上で入籍届を行う届出人は監護者ではなく親権者とするのが相当であるとしている。

〔参考：**試案3(2)ア及びイ**の対象となる事項の整理〕
離婚後の父母双方を親権者と定め、その一方を監護者と定めた場合の親権の行使について

試案3(2)ア	
監護者の権利義務に属する事項	監護及び教育の権利義務（民法第820条）

	居所の指定（民法第８２１条）
	懲戒（民法第８２２条）
	職業の許可（民法第８２３条）
	※　民法第８２２条の懲戒の規定については、これを削除する旨の改正法案が国会に提出されている。
	※　民法第８２１条に規定する居所の指定については、【Ｘ案】によれば監護者が単独で行うことができるが、【Ｙ案】によれば、父母双方が関与して決定することとなる。
試案３⑵イ 親権者である父母双方が関与して行使される事項	財産管理（民法第８２４条） 財産上・身分上の行為についての法定代理 法律行為の同意（民法第５条）

（※　養育費や親子交流に関する取決めは、親権の行使として行われるものではないため、親権に属する事項を整理した上記表には含まれない。**試案３⑵**で提示された各案は、いずれも、監護者が養育費や親子交流に関する協議の際に何らかの優先的な決定権や拒否権を有することを意味するものではない。）

4　離婚後の父母の一方を親権者と定め、他方を監護者と定めた場合の規律

　　離婚後の父母の一方を親権者と定め、他方を監護者と定めたときの監護者の権利義務について、上記３⑵ア（及び同項目に付された上記注２）と同様の整理をする考え方について、そのような考え方を明確化するための規律を設けるかどうかも含め、引き続き検討するものとする。

（補足説明）

1　検討の必要性

　　民法第７６６条は、父母が離婚する際には、父母間の協議又は家庭裁判所の手続により監護者を定めることができる旨を定めており、この規定を適用した際には、離婚後の父母の一方を親権者と定め、他方を監護者と定める場面が生ずる。そして、この場面における親権者と監護者の権利義務について、同条第４項は、「監護の範囲外では、父母の権利義務に変更を生じない」旨を規定するのみで、このほか、子の監護をすべき者がどのような権利義務を有するかを明確に定めた規定はなく、解釈に委ねられている。

　　父母の離婚後の親権に関する規律について、現行民法第８１９条を維持するものとする**試案の前記第２の１【乙案】**を採用した場合には、こういった場面が引き続き生ずることとなると考えられる。

　また、父母双方を親権者と定めることができるものとする**試案の前記第2の1【甲案】**を採用した場合であっても、離婚後の父母の一方を親権者と定め、他方を監護者と定めることができる余地が残る可能性があるから、**【甲案】**を採用するとしても、この場面における親権者と監護者の権利義務についての整理が必要となると考えられる。

2　現行民法の解釈の整理

　試案の前記第2の3の補足説明における検討のとおり、現行民法の解釈としては、基本的には、①同法第820条から第823条までに規定する身上監護に係る部分は監護者に属し、②同法第824条に規定する財産管理に係る部分や、財産上・身分上の法定代理及び同法第5条の法律行為の同意に係る部分は親権者に属するとの考え方がある。このほか、身上監護に関するものであっても一定の範囲で親権者に留保されていると解すべきであるとする見解や、財産管理等に関するものであっても一定の範囲で監護者が単独で行使することができるものがあると解すべきであるとの見解など、様々な見解がある。

3　**試案4**の概要

　試案4は、現行民法に関する上記2の整理と同様の考え方を提示するものである。

　その上で、親権者と別に監護者が定められた場面の規律については、明文の規定を設けることで監護者の権利義務の内容を明確化すべきであるとの考え方があり得る一方で、民法第766条第4項と同様に、監護者の定めが「監護の範囲外では、父母の権利義務に変更を生じない」旨を規定するにとどめ、「監護の範囲」の具体的な内容については引き続き解釈に委ねるものとする考え方もあり得る。そのため、**試案4**では、今後の検討の際には、監護者の権利義務の内容を明確化するための規律を設けるかどうかを含めて、引き続き検討するものとしている。

5　認知の場合の規律（注）

【甲案】

　父が認知した場合の親権者について、現行民法第819条を見直し、父母双方を親権者と定めることができるような規律を設けるものとした上で、親権者の選択の要件や父母双方が親権を有する場合の親権の行使に関する規律について、上記2及び3と同様の規律を設けるものとすることについて、引き続き検討するものとする。

【乙案】

　父が認知した場合の親権者についての現行民法第819条の規律を維持し、父母の協議（又は家庭裁判所の裁判）で父を親権者と定めたときに限り父が親権を行う（それ以外の場合は母が親権を行う）ものとする。

（注）　認知後に父母の一方を親権者と定め、他方を監護者と定めた場合における規律について、本文の上記４と同様の整理をする考え方がある。

（補足説明）

1　検討の必要性

　　婚姻関係にない父母間の子については、父の認知前は、法律上の親子関係が母子間にのみ存在することから、その親権を行使することができる者は母のみである。そして、現行民法第８１９条第４項は、父の認知により父子間に法律上の親子関係が生じた場合には、父母間の協議で父を親権者と定めることができるものとしているが、父母双方を親権者と定めることを許容していない。

　　このような現行民法の規律に対しては、婚姻関係にない父母の双方が子の養育に責任を持ち、子に関する事項が父母双方の熟慮の上で決定されることを確保すべき場合があり、これに対応するための規律が必要であるとの指摘がある。また、認知がされる場面の中には、例えば、婚姻関係にない父母がともに子と同居して共同でその監護教育をしている場合もあり得る。

　　また、現行民法第８１９条が離婚後の親権と認知後の親権を同様のルールにより規律していること（さらに同法第７８８条が離婚後の監護の規定を認知後の監護に準用していること）を踏まえると、仮に離婚後の親権に関する規律を見直すのであれば（**試案の前記第２の１から３までを参照**）、認知後の親権に関する規律についてもこれと同様の見直しをすべきであるとの指摘がある。もっとも、部会のこれまでの議論においては、離婚後の場面と認知後の場面は必ずしも同一とは限らないことを踏まえ、離婚後の親権とは別に、認知後の親権について独立に検討する必要があるとの意見も示された（離婚後の場面については同法第８１９条の規律を維持しつつ、認知の場面についてのみ規律の見直しをするという考え方もあり得る。）。

2　【甲案】の概要

　　【甲案】は、現行民法第８１９条を見直し、認知の場面において婚姻関係にない父母双方が親権者となることができるような規律を設けることを提示するものである。

　　【甲案】を採用した場合には、親権者の選択の要件（どのような場合に父母の双方を親権者とすべきで、どのような場合に父母の一方を親権者とすべきか）や、父母の双方が親権者となった場合の親権行使の在り方などについて、どのような規律を設けるかが問題となるが、【甲案】では、差し当たり、認知後の場面についても、離婚後の父母に関する規律（**試案の前記第２の２及び３参照**）と同様の規律を設けるものとすることを提示している。

　　もっとも、このような考え方に対しては、婚姻関係にあった父母が離婚した場面と異なり、認知の場面では、父母が全く共同生活をしていない場合もあり

得ることから、【甲案】を採用した場合であっても、親権者の選択の要件や、父母の双方が親権者となった場合の親権行使の在り方などについては、離婚後の場面と認知の場面とで、異なる規律を採用することもあり得るのではないかとの指摘もあり得る。

3　【乙案】の概要

　　認知がされる場面には様々なものがあり、認知後の父母が共同関係にあるとは限らないとの指摘もある。そのため、認知後の父母の双方が共同して親権を行使することとなると、子の監護教育や財産管理に関する意思決定及びそれに基づく法定代理権の行使を適時に行うことができないおそれがあるとの弊害が指摘されている。【乙案】は、こういった指摘を踏まえ、現行民法第819条の規律を維持し、認知の場面においても父母の一方のみを親権者と定めなければならないものとすることを提示している。

　　【乙案】の根拠としては、上記のような弊害の指摘を特に重視して、父母が婚姻関係にない場面においては、常にその一方のみが子の親権を行使することとした方が、その安定的な養育を確保することができ、子の最善の利益につながるとの考え方などがあり得る。

4　注の考え方

　　民法第788条の準用する同法第766条によれば、父が認知をする場合においては、父母間の協議又は家庭裁判所の手続により監護者を定めることができる旨を定めており、父母の一方を親権者と定め、他方を監護者と定める場面が生ずることがある。そして、この場面における監護者の権利義務の内容を明確に定めた規定が同法に存在しないことは、離婚後の場面と同様である。

　　そこで、**試案の注**では、認知後に父母の一方を親権者と定め、他方を監護者と定めた場合における規律について、父母の離婚後の場面（**試案の前記第2の4参照**）と同様の整理をする考え方を提示している。

第3　父母の離婚後の子の監護に関する事項の定め等に関する規律の見直し

1　離婚時の情報提供に関する規律

【甲案】

　　未成年の子の父母が協議上の離婚をするための要件を見直し、原則として、【父母の双方】【父母のうち親権者となる者及び監護者となる者】が法令で定められた父母の離婚後の子の養育に関する講座を受講したことを協議上の離婚の要件とする考え方について、引き続き検討するものとする（注1）。

【乙案】

　　父母の離婚後の子の養育に関する講座の受講を協議上の離婚の要件とはせず、その受講を促進するための方策について別途検討するものとする（注2）。

（注１）裁判離婚をする場合において、例えば、家庭裁判所が離婚事件の当事者に離婚後養育講座を受講させるものとすべきであるとの考え方がある一方で、そのような離婚後養育講座の受講を義務付けることに消極的な考え方がある。

（注２）本文の【乙案】の方策の１つとして、例えば、協議上の離婚の当事者である父母がその離婚前又は離婚後に子の養育に関する講座の受講をする義務を負う旨の訓示的な規定を設けるべきであるとの考え方がある。

（補足説明）

1　検討の必要性

　　協議離婚が約９割を占める我が国においては、離婚が子に与える影響や、離婚後の子の養育に必要とされる情報について十分に認識されないまま、離婚をしている父母も多いと思われ、公的機関等から幅広い情報提供を行うことにより、離婚をする当事者が子の視点に立って、離婚後の子の養育について考える契機となり、ひいては子の最善の利益が確保されることが考えられる（注）。そこで、離婚を考えている父母に対して、離婚後の子育てに関して必要な情報等を確実に提供するため、未成年の父母が協議離婚をする場合には、離婚当事者が離婚後養育講座を受講しなければならないものとしてはどうかとの指摘がある。

2　【甲案】の概要

⑴　【甲案】は、離婚後養育講座の有用性を特に重視する立場から、その受講を協議上の離婚の要件とする考え方を提示するものである。

⑵　【甲案】のような考え方を採用する際には、離婚後養育講座を受講すべき主体が問題となり、例えば、父母双方がその離婚後も引き続き子の養育に責任を持つべきであるとの視点から、父母双方がその受講をすべきものとする考え方がある。

　　もっとも、当事者双方の受講を協議離婚の要件として規律した場合に、例えば、一方の親が養育意思を失っており、かつ、離婚に積極的でないようなときには、同人が当該講座を受講しないことで協議上の離婚が難しくなり、結果として子が不安定な状況に長期間おかれるという事態も生じかねない。そこで、少なくとも父母のうち親権者となる者（監護者が指定される場合においては、監護者となる者も含む。）が受講すれば足りるものとすることも考えられる。

　　【甲案】においては、その双方の考え方を併記している。

⑶　また、離婚後養育講座の受講の必要性を過度に重視しすぎると、離婚後養育講座の受講が困難となるような事情がある場合には協議上の離婚をすることができなくなってしまい、かえって子の利益に反するのではないかとの懸念があり得る。

　このような観点から、部会においては、協議上の離婚をするためには離婚後養育講座の受講を必要とすることを原則としつつも、一定の例外的な場合にはその受講が免除されるものとする仕組みを検討してはどうかとの指摘があり、この「一定の例外的な場合」について引き続き検討することとしてはどうかとの指摘がされた。このような仕組みを検討するに当たっては、このような「一定の例外的な場合」に該当するかどうかを離婚の届出の受理の場面において判断することができるかどうかも含めた検討が必要となると考えられる。

⑷　**試案の注1**（裁判離婚の場合）について

　部会においては、離婚後養育講座の受講の重要性は、協議上の離婚の場面のみでなく、裁判上の離婚の場面でも当てはまるとの指摘がされた。また、部会では、全国の家庭裁判所において、未成年の子がいる夫婦の夫婦関係調整調停事件などの当事者を対象に、調停手続の一環として、親ガイダンスが実施されているとの紹介がされた。そこで、**試案の注1**では、差し当たり考えられる規律の一例として、家庭裁判所が離婚事件の当事者に離婚後養育講座を受講させるものとすべきとの考え方を提示している。

　もっとも、裁判上の離婚の場合には、請求を認容する判決が確定するまでは、離婚をするかどうかが確定しないため、それ以前の段階で当事者に対して離婚後養育講座を受講させることはできないのではないかといった指摘もある。**試案の注1**では、こういった指摘も踏まえ、裁判上の離婚については離婚後養育講座の義務付けに消極的な考え方があることも提示している。

　部会のこれまでの議論では、家庭裁判所が当事者に離婚後養育講座を受講させるものとする**試案の注1**の考え方を採用するのであれば、その対象となる「離婚事件」の範囲について、離婚訴訟に限るのか、調停手続も含むのかを検討する必要があるとの指摘がされた。

3　**【乙案】**の概要

　離婚後養育講座の受講を協議離婚の要件とする**【甲案】**の考え方に対しては、我が国の協議離婚制度の在り方を根本から変えることになるとして、国民に与える影響も考慮しながら慎重に検討すべきであるとの批判もある。また、離婚後養育講座の受講を協議離婚の要件とするのであれば、受講者に負担のない形での受講が望まれるが、負担が軽減されるほど、実効性に欠け、子の最善の利益の確保に結び付かないのではないかとの指摘もある。

　このような指摘を踏まえ、**【乙案】**では、離婚後養育講座の受講を協議上の離婚の要件とはしない考え方を提示している。

　もっとも、離婚後養育講座の受講を協議上の離婚の要件とすることに反対する立場においても、離婚後養育講座の有用性を否定するわけではなく、可能な限り、離婚当事者にその受講を促すことが有用であるとの指摘もある。部会においては、離婚後養育講座の受講を促す方策の一例としては、例えば、離婚

後養育講座の受講が父母の義務である旨の訓示的な規定を設けるとの考え方（**試案の注2**）も示された。こういった指摘も含め、【乙案】においては、この受講を促進するための方策について別途検討するものとすることを提示している。

4 離婚後養育講座の内容について

仮に、協議離婚をする前に離婚後養育講座の受講を義務付ける場合には、講座の実施主体、受講の有無の確認方法やその主体、受講することができない事情がある場合の判断方法やその場合の取扱いについても検討を要する。なお、離婚後養育講座の実施主体について、諸外国の例をみると、裁判所が中心的な役割を果たしている国や民間の機関に委託して実施している国もあるようである。さらに、どのような実施主体を採ったとしても、講座に最低限度含まれるべき内容については、明示されている必要があると考えられる。講座の内容（例えば、法的な事項、離婚をする当事者や子の一般的な反応やそれに対応する配慮の在り方といった心理学的知見、ひとり親に関する支援制度に関する事項について含めるのか）や受講者にとって負担のかからない形での受講の方法（例えば、父母が個別または同時に受講するのか、オンライン形式での受講を認めるのか）を更に検討する必要がある。

（注）　一部の地方自治体では、厚生労働省の「離婚前後親支援モデル事業」を活用して親支援講座を実施し、離婚を考える父母等に対して、子どもの養育や子どもを養育する家庭の生活等について考える機会の提供や、ひとり親家庭に対する各種支援に関する情報提供等を行っている地方自治体もみられる。母子及び父子並びに寡婦福祉法第5条第3項では、国及び地方公共団体は、母子家庭等の児童が心身ともに健やかに育成されるよう、養育費の履行を確保するために、広報その他適切な措置を講ずるよう努めなければならないとされている。

　　　【乙案】においては、こういった取組みも、受講促進のための方策として位置付けることができると考えられる。

2 父母の協議離婚の際の定め
(1) 子の監護について必要な事項の定めの促進
【甲①案】

未成年の子の父母が協議上の離婚をするときは、父母が協議をすることができない事情がある旨を申述したなどの一定の例外的な事情がない限り、子の監護について必要な事項（子の監護をすべき者、父又は母と子との親子交流（面会交流）、子の監護に要する費用の分担）を定めなければならないものとした上で、これを協議上の離婚の要件とするものとする考え方について、引き続き検討するものとする（注1）。
【甲②案】

　　【甲①案】の離婚の要件に加えて、子の監護について必要な事項の定めについては、原則として、弁護士等による確認を受けなければならないものとする考え方について、引き続き検討するものとする（注２）。
【乙案】
　　子の監護について必要な事項の定めをすることを父母の協議上の離婚の要件としていない現行民法の規律を維持した上で、子の監護について必要な事項の定めがされることを促進するための方策について別途検討するものとする（注３）。
⑵　養育費に関する定めの実効性向上
　　子の監護に要する費用の分担に関する父母間の定めの実効性を向上させる方向で、次の各方策について引き続き検討するものとする。
　ア　子の監護に要する費用の分担に関する債務名義を裁判手続によらずに容易に作成することができる新たな仕組みを設けるものとする。
　イ　子の監護に要する費用の分担に関する請求権を有する債権者が、債務者の総財産について一般先取特権を有するものとする。
⑶　法定養育費制度の新設
　　父母が子の監護について必要な事項の協議をすることができない場合に対応する制度として、一定の要件の下で、離婚の時から一定の期間にわたり、法定された一定額の養育費支払請求権が発生する仕組みを新設するものとし、その具体的な要件や効果（上記⑵イの一般先取特権を含む。）について引き続き検討するものとする（注４〜７）。

（注１）本文⑴の【甲①案】及び【甲②案】においては、子の監護に要する費用の分担をしない（養育費等の額を０円とする）旨の定めをすることの可否やその効力が問題となり得るが、例えば、子の監護に要する費用の分担をしない旨の定めは、一定の要件を満たす場合に限って有効（その場合には本文⑶の法定養育費は発生しない）とすべきであるとの考え方がある。また、【甲①案】及び【甲②案】において協議離婚をするために取り決める必要がある事項の範囲については、（１）子の監護をすべき者、父又は母と子との交流、子の監護に要する費用の分担の全部とする考え方のほか、（２）これらの一部のみで足りるとする考え方がある。
（注２）本文⑴の【甲②案】において、弁護士等が子の監護に関する事項についての定めを確認するに当たっては、父母の真意に基づく定めがされているか、定めの内容が子の最善の利益に反するものでないか（できる限り子の意見又は心情を把握するよう努めた上で、子の意見又は心情に配慮されているかを含む。）について確認するものとするとの考え方がある。
　　また、本文の⑴の【甲②案】においては、子の監護に要する費用の分担の部分に関して公正証書等の債務名義となる文書が作成されている場合には、弁護士等による確認を受ける必要がないとの考え方がある。

（注３）本文(1)の【乙案】の方策の１つとして、例えば、①協議上の離婚をする父母が、子の最善の利益を図るため、子の監護について必要な事項が定められるよう努める義務を負っていることを明確化する規律を設けるべきであるとの考え方や、②民法の見直しとは別に、子の監護について必要な事項の定めをすることの重要性を周知・広報し、又はそのような定めが円滑にされるような様々な支援策を拡充させる方向での検討を進めるべきであるとの考え方があり得る。

（注４）法定養育費の権利行使主体としては、子が権利者であるとする考え方と、親権者（監護者が定められた場合には監護者）が権利者であるとする考え方がある。

（注５）法定養育費の発生要件として、父母がその離婚の届出において子の監護について必要な事項の協議をすることができない事情がある旨を申述したことを要件とする考え方がある。

（注６）法定養育費が発生する期間については、①父母間の協議によって子の監護に要する費用の分担についての定めがされるまでとする考え方と、②法令で一定の終期を定めるとする考え方がある。

（注７）法定養育費の具体的な額については、①最低限度の額を法令で定めるものとする考え方と、②標準的な父母の生活実態を参考とする金額を法令で定めるものとする考え方がある。いずれの考え方においても、後に父母間の協議又は家庭裁判所の手続において定められた養育費額と法定額との間に差額がある場合の取扱いについて、その全部又は一部を清算するための規律を設けるとの考え方がある。

（補足説明）

1　概要

　民法第７６６条第１項は、父母が協議上の離婚をするときは、子の監護に関する事項をその協議で定める旨を規定しているが、この協議による定めをすることは、離婚の要件ではないと解されている。このため、例えば、子の監護に関する費用（養育費）の分担の定めがされないまま協議上の離婚がされる場合があり、これが子どもの貧困につながっているのではないかとの指摘がある。また、父母間において養育費の取決めがされたとしても、その履行が滞った際には、その取決めが公正証書によるのでない限り、家事事件又は民事訴訟の手続により債務名義を取得しなければ、執行手続の申立てをすることができない。親子交流についても同様に、協議上の離婚の際にはその取決めが必要的であるとはされていないことが、その取決め率が低調にとどまっている原因なのではないかとの指摘もある。なお、親子交流とは、従前の実務において「面会交流」等と呼ばれていたもの、すなわち、同条において「父又は母と子との面会及びその他の交流」と規定されているものと同様のものであり、従前の実務と同様に、親と子が直接会う形で交流する方法のほか、電話やメール、手紙などの方法で交流することも考えられる。

　平成２３年の民法改正の際には、その取決めを促進するため、民法第７６６

条第1項において離婚後の父母が取り決めるべき事項として、親子交流と養育費が例示されたところであるが、その際の附帯決議においては、「面会交流の円滑な実現及び継続的な養育費支払い等の履行を確保するための制度の検討」をすることが求められた。また、令和4年6月に閣議決定された経済財政運営と改革の基本方針（いわゆる骨太の方針）2022においても「養育費の支払い確保と安全・安心な親子の面会交流に向けた取組を推進する」ものとされている。

　試案2は、このような指摘を踏まえ、①子の監護についての必要な事項が定められるよう促進する方策を講じた上で、②このうちの養育費に関する定めの実効性を向上させるための方策を講じ、③さらに、養育費に関する定めをすることができない事情がある場合に対応するための応急の措置を講ずることを提示するものである。

2　子の監護についての必要な事項の定めの促進　**(試案2(1))**

⑴　**【甲①案】の概要**

ア　父母は、協議上の離婚の際に子の最善の利益を考慮すべきであると考えられるところ、子の監護について必要な事項が取り決められないまま漫然と長期間が経過することは一般的に子の利益に反するのではないかとの指摘がある。

　そこで、**【甲①案】**は、協議上の離婚をする父母に対し、子の監護について必要な事項を定めるべき義務を課した上で、この義務の履行を担保するため、この定めがされなければ協議上の離婚をすることができないものとすることを原則とする考え方を提示している。

イ　もっとも、事案によっては、ＤＶ等の事情により父母が子の監護に関する協議を直ちには行うことが困難な場合もあり得る。このような場合の対応策としては、例外なく裁判離婚の手続によるものとすべきであるとの考え方や、一定の例外的な事情がある場合には、子の監護についての事項を定めることなく離婚することができるものとする考え方があり得る。**【甲①案】**は、後者の考え方を提示しているところであるが、このような考え方に基づく具体的な規律を導入するに当たっては、そのような一定の例外的な事情をどのように定めるかについて更に検討を要するほか、そのような事情の有無を離婚届出の受理の現場で判断することができるかといった点についても検討を要する。

　【甲①案】の考え方は、協議上の離婚の要件を加重する方向での検討を提示するものであるが、このように協議上の離婚をしにくくさせる方向で我が国の協議離婚制度を大きく変えることについては、それが国民に与える影響も考慮しながら慎重に検討すべきであるとの指摘もある。また、協議上の離婚をしにくくさせると、結果的に、事実上の離婚状態（法律上は婚姻関係にあるものの、それが実質的に破綻している状態）のまま

となる家庭を増加させ、かえって子の最善の利益に反する事態を招くのではないかとの懸念もある。部会における議論の中でも、このような懸念の1つとして、事実上の離婚状態のままでは、児童扶養手当を含む各種の給付金や行政上の保護を受けられないなどの弊害を指摘する意見も示された。

⑵　**【甲②案】**の概要

ア　子の監護に関する定めの内容の適正性を確保する観点からは、その定めを父母間の協議のみに委ねるのではなく、弁護士等の第三者の関与を要求することが、子の最善の利益の確保に資するのではないかとの指摘もある。このような指摘の背景には、例えば、ＤＶがある事案においては、父母間に一定の支配関係がある場合もあり、父母が対等な立場で協議をすることができない結果として、外形的には協議に基づく定めがされていたとしても、実際には父母の一方の意のままに取決めがされているということもあり得るとの懸念や、または、子の監護に関する事項の定めが、離婚の条件を定めるに当たっての交渉材料であるかのように扱われ、子の利益よりも親の利益を優先して取り決められる場合もあり得るとの懸念がある。

　【甲②案】は、そのような指摘を踏まえ、父母間の定めについて、原則として、弁護士等による確認を受けることを要求する考え方を提示している。

　このような考え方を採用するに当たっては、当該弁護士等がどのような内容を確認すべきかが問題となるが、**試案の注２前段**では、①父母の真意に基づく定めがされているかどうかといった点や、②その定めの内容が子の最善の利益に反するものではないかといったことを確認すべきであるとの考え方がある。また、②の事項の確認に当たっては、家事事件手続法第65条を参考に、できる限り子の意見や心情を把握するよう努めた上で子の意見又は心情に配慮されたものとなっているかどうかといった観点からの確認も必要であるとの考え方もある。

イ　また、**【甲②案】**のような考え方を採用するに当たっては、弁護士等の確認が例外的に免除されることとなる一定の要件をどのように定めるかが問題となり得るところであり、**【甲①案】**における検討と同様に、ＤＶ等の事情により父母が子の監護に関する協議を直ちには行うことが困難な場合を念頭において一定の要件を定める考え方があり得る。

　このほか、例えば、養育費について公正証書等による取決めがされている場合には、子の最善の利益の観点から適正な取決めがされている場合が多いのではないかとの観点からは、公正証書等が作成されている場合には弁護士等の確認を不要とするとの考え方もあり得る。**試案の注２後段**では、このような考え方を提示している。

ウ 【甲②案】の規律も、【甲①案】の規律と同様に、現行民法と比較して、協議上の離婚の要件を加重する方向での検討を提示するものであり、協議上の離婚をしにくくさせる方向で我が国の協議離婚制度を大きく変えることについて慎重な意見もある。

さらに、【甲②案】の提示する弁護士等の確認には、一定の金銭的負担又は事務手続上の負担が不可避的に伴うと予想されるため、当事者の経済的な負担を伴わない形で弁護士等による確認を受けられるような仕組みを新たに導入することができるかなどといった観点からの検討も必要となる。そして、この弁護士等の確認に要する費用を離婚当事者が負担とする仕組みを前提とするのであれば、その費用の額を可能な限り低額なものとする必要があるのではないかとの指摘がある一方で、そのような仕組みにおいては弁護士等の確認の手続は比較的簡素なものとせざるを得ないとも考えられるため、そのような簡素な手続によって父母間の定めの適正性を判断することは困難ではないかとの批判もあり得る。

なお、部会のこれまでの議論の中では、弁護士等の確認に要する費用については公的な給付で賄うべきであるとの意見も示されたものの、そのような給付を正当化し得るだけの根拠があるのかどうかについては慎重に検討する必要があるとの指摘や、そのような公的な給付を前提とするような支援の仕組みを検討することは民事基本法制について調査審議をする法制審議会への諮問の範囲を超えるのではないかといった指摘もされた（注）。

⑶ 【乙案】の概要

ア 以上のように、【甲①案】や【甲②案】のように協議上の離婚の要件を加重する方向での見直しには慎重な検討を要するところであり、これを今般の法改正の対象とするのではなく、将来的な課題として位置付けるべきであるとの指摘もある。【乙案】は、このような指摘を踏まえ、差し当たりは、子の監護について必要な事項の定めをすることを父母の協議上の離婚の要件としない現行民法の規律を維持することとした上で、別途の方策を検討する考え方を提示している。

イ **試案の注３**では、そのような別途の方策の例を提示している。

例えば、協議上の離婚をする父母が、子の最善の利益を図るため、子の監護について必要な事項が定められるよう努める義務を負っていることを明確にする規律を設けるとの考え方がある。このような考え方は、養育費の支払がされる割合が低調である原因が、離婚の際に養育費等の定めをしてその支払をすることが当然であるとの意識がいまだ国民に定着していないからではないかとの分析をした上で、養育費等の定めをすることが父母の子に対する義務（責務）であることを明確化することで、国民の意識改革を進める必要があるとの指摘に基づくものと整理することが

できる。また、このような親の義務が発生する根拠としては、父母は協議上の離婚の際にも子の最善の利益を考慮しなければならないことを前提として、子の監護について必要な事項が定められないまま漫然と長期間を経過することが子の最善の利益に反するとの認識を踏まえた説明があり得る。

　このほか、父母間の定めを促進する方策としては、民法の改正のほか、様々な運用上の取組も考えられる。例えば、上記のような国民の意識改革のための方策としては、子の監護について必要な事項の定めをすることの重要性を周知・広報することが重要であるとの指摘があり得る。部会のこれまでの議論においては、地方自治体の戸籍の窓口において、養育費や親子交流に関する合意書作成の手引きやその合意書のひな型を交付することも、１つの方策となるとの指摘がされた。また、協議上の離婚をする父母が子の監護について必要な事項を定めるに当たっては、公的又は私的な機関による支援が必要となる場面があり得るところ、このような支援策を拡充させることが、子の最善の利益に資するものであるとの指摘もある。

(4)　**注１の考え方について**

　【甲①案】又は**【甲②案】**を採用するに当たっては、協議上の離婚の要件として、取決めが必要となる「子の監護に関する事項」の範囲が問題となる。民法第７６６条第１項は、子の監護に関する事項として、①子の監護をすべき者、②子の監護に要する費用の分担（養育費）、③父又は母と子との交流（親子交流）の３つを例示しているところであり、これらの３つの事項の全部を取り決める必要があるとの考え方があり得る一方で、そのうちの一部の取決めで足りるとの考え方もあり得る。このほか、父母間の取決めが必要となる事項は、上記①から③までの事項に限られないとする考え方もあり得る。

　いずれの考え方を採用するに当たっても、その取決めの内容は子の利益の観点から定められるべきものであると考えられるところであり、例えば、①子の監護をすべき者を父母の一方のみに定めないものとする取決めをすることや、③父又は母と子との交流をしない旨の取決めをする場合であっても、離婚の要件との関係では、これらの事項について一定の定めがされたものと取り扱われることが想定され得る。

　他方で、子の監護に要する費用の分担については、部会の議論の中で、**試案２(3)**の法定養育費制度を導入することを前提とした場合には、父母間の協議によって養育費の額を０円とする旨を定めたとしても、この法定養育費が発生するものとすべきではないかとの指摘もされた。このような指摘は、父母間の協議により養育費の額を０円とする定めをすることは原則として許されないとの立場から、一定の要件（養育費の額を０円とする合理性

が認められるような事情）が認められない限りは、そのような定めは原則として効力を有さないとの考え方に結び付くものと考えられる。

3　養育費に関する定めの実効性向上

⑴　検討の必要性

　　上記1のとおり、父母間において養育費の取決めがされたとしても、その履行が滞った際には、その取決めが公正証書によるものでない限り、家事事件又は民事訴訟の手続により債務名義（判決、審判、調停調書や和解調書など）を取得しなければ、執行手続の申立てをすることができない。このことに対しては、養育費を真に必要としているひとり親家庭にとってその裁判手続の負担は大きく、また、その手続に一定の時間を要することから、養育費の請求を断念せざるを得なくなる原因の1つとなっているのではないかとの指摘がある。

　　そこで、**試案2⑵**では、養育費に関する父母間の取決めの実効性を向上させる方向で、2つの方策を提示している。**試案2⑵ア**で提示されている方策と**試案2⑵イ**で提示されている方策は、互いに相反するものではないため、そのどちらか一方のみを採用すべきであるとの意見のほか、その双方をいずれも採用すべきであるとの意見もあり得る。

⑵　試案2⑵アの概要

　　試案2⑵アでは、裁判手続によらずに、子の監護に関する費用の分担に関する債務名義を容易に作成することができる新たな仕組みを設けることを提示している。

　　このような仕組みの一例としては、裁判外紛争解決手続の活用を検討する方向があり得る。例えば、法制審議会総会が令和4年2月に法務大臣に答申した「調停による和解合意に執行力を付与し得る制度の創設等に関する要綱」では、法務大臣が認証をしたADR機関が行う手続において成立した養育費に関する和解であって、民事執行の合意があるものについては、裁判所による執行決定を経た上で、当該和解に基づく強制執行を行うことができるものとすること等が提案されているところである。

　　このほか、部会のこれまでの議論においては、例えば、離婚時の父母間の取決めに弁護士等が関与し、その取決め内容が適正であることの確認を経る仕組みを設けた上で、そのような弁護士等の関与の下で作成された文書を債務名義として取り扱うこととしてはどうかとの意見が示された。このような意見については、それが養育費の履行確保に一定の効果を有するとして肯定的な意見がある一方で、義務者の手続保障が十分に確保されているかなど様々な課題があるとして慎重な検討が必要であるとの意見も示された。

　　なお、部会のこれまでの議論においては、こういった債務名義作成に要する費用についても、当事者の負担を軽減する方策を検討すべきではないか

との意見も示されたが、一定の公的給付を前提とするような支援の仕組み
を検討することは民事基本法制について調査審議をする法制審議会への諮
問の範囲を超えるのではないかといった指摘もされた。

⑶　**試案2⑵イの概要**

ア　一般先取特権を有する債権者は、その債務者の財産について、民法等の
　規定に従い、他の債権者に先立って自己の債権の弁済を受ける権利を有
　する。また、一般先取特権を有する債権者は、債務名義がなくても、その
　一般先取特権の存在を証する文書を執行機関に提出することにより、債
　務者の財産の差押えや、財産開示手続や第三者からの情報取得手続の申
　立てをすることができる。そして、民法第306条は、一般先取特権が認
　められるものとして、①共益の費用、②雇用関係、③葬式の費用、④日用
　品の供給によって生じた債権を規定している。これらの原因によって生
　じた債権に一般先取特権が認められる理由は各原因によって様々である
　が、例えば、②については、労働者の保護という社会政策的考慮等に基づ
　くものであるとの説明などがされている。

イ　**試案2⑵イ**は、このような現行民法の規律を参考に、子の監護に関する
　費用の分担に関する請求権を有する債権者が、債務者の総財産について
　一般先取特権を有するものとする規律を提示するものである。その根拠
　としては、例えば、ひとり親家庭の子の生活の保護という観点から、その
　養育に必要な費用を保護するという社会政策的考慮と説明する考え方が
　あり得る。

　　なお、**試案2⑵イ**の規律を採用する場合には、民法第766条の適用又
　は準用による子の監護に関する費用の分担に係る請求権（いわゆる養育
　費の請求権）のほか、親族関係から生ずる扶養の権利全般（同法第752
　条、第760条及び第877条から第880条まで参照）についても、上
　記と同様の社会政策的考慮による保護の必要性が認められるのであれば、
　同様に一般先取特権を付与すべきであるとの考え方があり得る。

ウ　もっとも、**試案2⑵イ**の規律については、部会のこれまでの議論におい
　ては、一般先取特権に基づく執行を許容することについては、債務者の手
　続保障の観点から慎重な検討が必要ではないかとの意見も示された。

⑷　**一般先取特権に基づく養育費債権に関する執行手続のイメージ**

　　仮に、**試案2⑵イ**の考え方により、養育費請求権を有する債権者に一般先
　取特権を認める旨の規律を導入した場合には、当該債権者は、公正証書や家
　事審判等の債務名義を取得しなくても、その一般先取特権の存在を証する
　文書を執行機関に提出することにより、債務者の財産の差押えや、財産開示
　手続や第三者からの情報取得手続の申立てをすることができる。

　　この執行手続の申立てに必要となる「一般先取特権の存在を証する文書」
　は、公文書である必要もなく、また、弁護士等の法律専門家が作成した文書

である必要もない。そのため、父母間の協議により養育費の支払を取り決める文書を作成した場合のほか、ＡＤＲ機関による養育費の調停がされて一定の合意文書が作成された場合にも、当該文書が「一般先取特権の存在を証する文書」となり得る。もっとも、一般先取特権に基づく差押えをするためには、債権者の金銭債権の額が具体的に定まっている必要があることから、**（試案２(3)の法定養育費制度の新設がなければ）**具体的な協議が調う前の段階で債権者側の一方的な主張に基づいて差押命令の申立てをすることができるということはない。

　そして、その執行手続は、債務名義に基づく強制執行や他の担保権実行と基本的に同様である。そのため、例えば、養育費の債権者が、債務者の金銭債権（預貯金や給与など）の差押えを申し立てた際には、執行裁判所が、当該金銭債権の差押えをすることが想定され得る。この差押命令は、債務者や第三債務者を審尋しないで発せられた上で、その後、第三債務者への送達と、債務者への送達が順次行われることとなる。

　差押命令に対する債務者からの不服申立て等についても、債務名義に基づく強制執行や他の担保権実行と基本的に同様である。一般先取特権に基づく差押えを受けた債務者は、執行抗告又は執行異議の申立てをすることができるほか、債務者の生活の状況等（例えば、養育費の取決めをした後に収入が大幅に減少して生活が困窮していることなど）を理由に差押禁止債権の範囲の変更の申立てをすることで、差押えからの解放を裁判所に求めることができることとなる。なお、一般先取特権に基づく差押命令に対する執行抗告又は執行異議の申立てにおいては、担保権の不存在又は消滅を理由とすることができることとされている。

　このほか、債務者の有する財産に対する差押えが競合した場面では、一般先取特権を有する債権者は、その債務者の財産について、民法等の規定に従い、他の債権者に先立って自己の債権の弁済を受けることができることとなる。

4　法定養育費制度の新設

(1)　子の監護についての必要な事項が定められるよう促進する方策を講じたとしても、ＤＶ等の事情により父母が子の監護に関する協議を直ちには行うことが困難な場面では、父母間の協議によって養育費の定めがされることは現実には期待し難い。また、ＤＶ等の事情がある場面では、その被害者が通常の生活を送ることが困難な状況に陥ることもあり、そのため、子の監護に関する処分の調停・審判の手続を直ちにとることを期待することができないことも少なくないと考えられる。

　他方で、養育費分担の始期について、請求時より前に遡って過去の養育費を請求することは原則としてできないとの考え方を前提とすると、上記のような場面では、事実上、離婚の時から相当期間が経過するまでの間の期間

に対応する養育費を請求することが極めて困難な事態に陥る。

　試案2⑶は、上記のような場面で生ずる不都合を回避すべきであるとの指摘を受けて、一定の要件の下で、離婚の時から一定の期間にわたって、法定された一定額の養育費支払義務が当然に発生する仕組みを新設することを提示している。

⑵　このような法定養育費制度を新設するに当たっては、「一定の要件」、「一定の期間」、「法定された一定額」をそれぞれどのように定めるかが問題となり得るほか、その行使主体をどのように定めるか、事後的に父母間の協議又は家庭裁判所の手続で定められた養育費額と法定額との間に差額がある場合の清算の要否とその方法等が問題となる。また、試案2⑵イの考え方を採用して養育費請求権に一般先取特権を認めるのであれば、この法定養育費についても一般先取特権を認めるものとするかが問題となり、そのためには、法定養育費の額が一義的に算出されるような法令の規定を設ける必要があると考えられる。試案の注4から注7まででは、それぞれ、これらの問題について、あり得る考え方の例を提示している。部会のこれまでの議論でも、例えば、「一定の期間」の定め方によっては、結局はその終期を見据えて調停・審判の申立てをしなければならないことになるなどの指摘がされた。

⑶　ところで、上記のような法定養育費制度が特に必要となる場面としては、父母の離婚後に、その一方が親権者と定められて子と同居してその養育をしているが、当該一方（同居親）の収入が乏しく、他の一方には十分な収入があるような場面が想定され得る。このような場面では、緩やかな要件の下で簡易な手続により法定養育費の請求をすることができるようにすべきであるとの指摘があり得る。

　他方で、事案によっては、同居親に十分な収入があり、他の一方（別居親）の収入が乏しいということも生じ得る。法定養育費制度を新設すると、その要件の内容によっては、こういった事案においても一律に法定額の債権債務関係が生ずる結果となり得る。このような場面で別居親がその債務額を減額するための方法としては、理論的には、子の監護に関する処分の調停・審判の申立てをした上で、保全処分の申立てをするなどの対応をするほか、既に法定養育費債権に基づく差押えがされた場面では、差押禁止債権の範囲変更の申立てをするなどの対応が考えられる。しかし、資力の乏しい別居親にとってそのような裁判手続の負担は大きく、現実にはこれらの対応をすることを期待することはできないのではないかとの指摘もあり得る。

（注）　なお、部会のこれまでの議論においては、養育費の取決めの段階だけでなく、その履行確保の段階においても、一定の公的支援（例えば、一部の地方自治体が厚生労働省の「離婚前後親支援モデル事業」を活用して行っている各種の支援）を拡充するこ

とや立替払い制度の検討が必要であるといった意見も示されたが、そのような仕組みを検討することは民事基本法制について調査審議をする法制審議会への諮問の範囲を超えるのではないかといった指摘もされた。

3　離婚等以外の場面における監護者等の定め

　　次のような規律を設けるものとする（注1、2）。

　　婚姻中の父母が別居し、共同して子の監護を行うことが困難となったことその他の事由により必要があると認められるときは、父母間の協議により、子の監護をすべき者、父又は母と子との交流その他の子の監護について必要な事項は、その協議で定めることができる。この協議が調わないとき又は協議をすることができないときは、家庭裁判所は、父又は母の申立てにより、当該事項を定めることができる。

（注1）本文の規律が適用されるかどうかの判断基準（例えば、別居期間の長さを基準とするなど）を明確化するものとする考え方がある。また、別居等の場面においても、子の監護について必要な事項や婚姻費用の分担に関する定めが促進されるようにするための方策を講ずるものとする考え方がある。

（注2）父母の婚姻中における子の監護に関する事項の定めについては、明文の規律を設けるのでなく、引き続き解釈（民法第766条〔離婚後の子の監護に関する事項の定め等〕の類推適用）に委ねるものとする考え方もある。

（補足説明）

1　父母の婚姻中における子の監護に関する事項の定め

　　民法第766条は、父母が協議上の離婚をするときは、子の監護について必要な事項を父母間の協議等によって定めるものと定めており、この規定は、婚姻の取消し（同法第749条）、裁判上の離婚（同法第771条）、認知（同法第788条）においてそれぞれ準用されているが、いずれも、父母が婚姻関係にない場面を規律するものである。

　　もっとも、父母の婚姻中であっても、父母が別居し、その一方のみが子と同居してその監護教育を行い、他の一方と子との親子交流を行うといった状態が生ずることがある。現行民法にはこのような状態を直接規律する明文の規定はないものの、一定の要件の下で同法第766条が類推適用されるものとする考え方があり、そのような考え方に沿った裁判例もある。

　　そこで、**試案3**は、そのような考え方を明文化する規律を設けることを提示している。

2　監護者指定や親子交流の定めをするための要件について

　　試案3では、婚姻中の父母間で監護者指定や親子交流の定めをすることについて、「婚姻中の父母が別居し、共同して子の監護を行うことが困難となっ

たことその他の事由により必要があると認められるとき」であることを要件としている。婚姻中の父母がともに子と同居してその監護を行っている通常の場面では、監護者指定や親子交流の定めは特に必要ではないからである。

　このような要件設定をすることについては、例えば、いわゆる家庭内別居の場合の取扱いをどのようにすべきかなどの課題がある。また、この要件の該当性についての判断基準を明確にしなければ、この要件の該当性をめぐって家庭裁判所における審理が長期化するのではないかといった観点から、別居期間の長さなどの一定の基準を設けてはどうかといった指摘もある。**試案の注1前段**では、このような指摘を踏まえた考え方を提示している。

　さらに、部会のこれまでの議論においては、父母の離婚の際と同様に、父母の別居の際にも、子の監護について必要な事項が適切に取り決められるように促進することや、婚姻費用の分担に関する定めを促進するような方策を講ずる必要があるとの意見も示された。**試案の注1後段**では、このような意見を踏まえた考え方を提示している。

3　婚姻中の監護者指定や親子交流の定めに消極的な意見（**試案の注2**）

　試案3の本文のような考え方に対しては、父母の婚姻中においては、その離婚後と異なり、（**試案3の本文**に記載された要件を満たす場合であっても）監護者指定や親子交流の定めをすることが必ずしも適当ではない場合もあるとの指摘もされた。

　このような指摘は、父母の婚姻中に子の監護に関する定めをすることができる場合を明文の規定によって一律に規定するのではなく、現行民法と同様に、解釈（同法第766条の類推適用）に委ねるのが相当であるとの考え方と整理することができ、**試案の注2**ではそのような考え方を提示している。

4　婚姻費用や扶養料について

　部会のこれまでの議論においては、父母の婚姻中に問題となるのは、監護者指定や親子交流だけでなく、子の監護に要する費用も重要であるとの指摘がされた。

　もっとも、父母の婚姻中の子の監護に要する費用の分担は、通常、婚姻費用の分担の問題として扱われており、現行民法においては既にこの点に関する明文の規定（同法第752条や第760条）が存在している。また、子が別居親に対してその扶養料の支払を求める規律についても、同法に明文の規定（同法第877条から第880条まで）が存在している。部会においても、これらの規定を見直すことを求める意見は特に見られなかった。そのため、**試案3の本文**ではその見直しについては特段の言及をしていない。

4　家庭裁判所が定める場合の考慮要素

⑴　監護者

　家庭裁判所が子の監護をすべき者を定め又はその定めを変更するに当

たっての考慮要素を明確化するとの考え方について、引き続き検討する
ものとする（注1）。
⑵　親子交流（面会交流）
　　家庭裁判所が父母と子との交流に関する事項を定め又はその定めを変
更するに当たっての考慮要素を明確化するとの考え方について、引き続
き検討するものとする（注2、3）。

（注1）子の監護をすべき者を定めるに当たっての考慮要素の例としては、①子の出生から
　　現在までの生活及び監護の状況、②子の発達状況及び心情やその意思、③監護者とな
　　ろうとする者の当該子の監護者としての適性、④監護者となろうとする者以外の親
　　と子との関係などがあるとの考え方がある。このうち、①の子の生活及び監護の状況
　　に関する要素については、父母の一方が他の一方に無断で子を連れて別居した場面
　　においては、このような行為が「不当な連れ去り」であるとして、当該別居から現在
　　までの状況を考慮すべきではないとする考え方がある一方で、そのような別居は「Ｄ
　　Ｖや虐待からの避難」であるとして、この別居期間の状況を考慮要素から除外すべき
　　ではないとの考え方もある。このほか、⑤他の親と子との交流が子の最善の利益とな
　　る場合において、監護者となろうとする者の当該交流に対する態度を考慮すること
　　については、これを肯定する考え方と否定する考え方がある。
（注2）父母と子との交流に関する事項を定めるに当たっての考慮要素の例としては、①子
　　の生活状況、②子の発達状況及び心情やその意思、③交流の相手となる親と子との関
　　係、④親子交流を安全・安心な状態で実施することができるかどうか（交流の相手と
　　なる親からの暴力や虐待の危険の有無などを含む。）などがあるとの考え方がある。
　　このほか、交流の相手となる親と他方の親との関係を考慮することについては、これ
　　を肯定する考え方と否定する考え方がある。
（注3）親子交流を実施する旨の定めをするかどうかの判断基準を明確化すべきであると
　　の考え方がある。

（補足説明）
1　子の監護をすべき者の定めにおける考慮要素
　⑴　子の監護をすべき者の定めについて、父母の協議が調わないとき又はそ
　　の協議をすることができないときは、家庭裁判所がこれを定めることとな
　　る。また、家庭裁判所は、必要があると認めるときは、子の監護をすべき者
　　の定めを変更することができる。
　　　もっとも、現行民法には、子の利益を考慮すべき旨が規定されているほか
　　は、家庭裁判所が監護者の指定又は変更の審判をするに当たっての具体的
　　な基準や考慮要素を定めるものはない。現在の実務においては、別居親と子
　　との関係、子の意向や生活状況等様々な事情を総合考慮して判断されてい
　　るとされているが、このような現状に対しては、家庭裁判所の判断基準が明

確でないとの指摘がある。

　そこで、**試案4(1)**は、このような指摘を踏まえ、その考慮要素を明確化することを提示している。

(2)ア　監護者指定に当たっての考慮要素を明確化するに当たっては、その具体的な考慮要素をどのように定めるかが問題となる。**試案の注1**は、その考慮要素として考えられるものの例として、①子の出生から現在までの生活及び監護の状況、②子の発達状況及び心情やその意思、③監護者となろうとする者の当該子の監護者としての適性、④監護者となろうとする者以外の親と子との関係、⑤他の親と子との交流が子の最善の利益となる場合において、監護者となろうとする者の当該交流に対する態度を掲げている。

イ　もっとも、これらの事情を考慮することの当否については、意見の対立がある。例えば、このうち、①の子の生活及び監護の状況に関する要素については、父母の一方が他の一方に無断で子を連れて別居した場面を念頭において、このような行為が「不当な連れ去り」であるとして、当該別居から現在までの状況を考慮すべきではないとする考え方がある。このような考え方の中には、監護者指定に関する家事審判の手続において、家庭裁判所が、現に子と同居している方の親を監護者とする旨の判断をする傾向があるのではないかとの事実認識を前提として、結果として、子を連れて別居した親が裁判手続を有利に進めることができることに対する批判をするものもある。

　他方で、このような意見に対しては、父母の一方が他の一方に無断で子を連れて別居するのは、「ＤＶや虐待からの避難」であるとして、それを「不当な連れ去り」と評価することを批判する考え方もある。このような考え方は、子を連れての別居が「不当」と評価される可能性があるとなると、仮にＤＶや虐待がある場合であっても、父母の一方がそれから避難することに躊躇することとなるのではないかとの懸念を重視するものと整理することができる。これらの考え方によれば、父母の一方と子との別居の経緯がどのようなものであるかにかかわらず、この別居期間の状況を考慮要素から除外すべきではないとの考え方に結び付く。

ウ　また、⑤他の親と子との交流が子の最善の利益となる場合において、監護者となろうとする者の当該交流に対する態度を考慮することについても、これを肯定する考え方と否定する考え方がある。

　⑤の要素を考慮する考え方は、安全・安心な形で親子交流が実施されることは基本的には子の最善の利益に資するとの立場を前提として、こういった形での親子交流に積極的又は寛容な立場の親の方が、親子交流に消極的な親と比較して、監護者に相応しいと考える意見と整理することができる。もっとも、親子交流の実施が子の最善の利益に反する場合もあ

ることを踏まえて、このような親子交流に対する態度を考慮すべき場合を一定の場合に限定するものである。

　他方で、親子交流の実施が必ずしも子の最善の利益に資するとは限らないとの立場からすると、親子交流に対する態度を監護者指定の場面で考慮することには消極的な意見に結び付く。また、親子交流の実施が子の最善の利益に資するかどうかは必ずしも明らかではない場合も多いことを踏まえれば、「他の親と子との交流が子の最善の利益となる場合において」という要件設定が不明確であるとの批判もある。その結果として、客観的には親子交流の実施が不適切であるといえるような事情がある場合であっても、監護者となろうとする親が、親子交流に消極的な事情を主張すると監護者指定の場面で不利な判断がされるのではないかと恐れて、家事審判の手続の過程でそのような事情の主張を躊躇するといった弊害があるのではないかとの指摘もある。

(3)　以上のように、部会のこれまでの議論においては、抽象的な方向としては、監護者指定の際に家庭裁判所が考慮すべき事情を明確化することが望ましいという方向での意見が示されつつも、その具体的な要件の設定についての議論においては、様々な意見の対立がある状況である。

　また、監護者指定に関する現在の裁判実務では、父母の離婚等に伴う問題は、事案ごとに具体的な状況が千差万別であるところ、画一的な考慮要素を定めることは困難であるとの指摘もある。

　そのため、**試案4(1)の本文**とは異なり、この場面での考慮要素についての明文の規定を設けるのではなく、引き続き、解釈に委ねるのが相当であるとの考え方もあり得る。

2　親子交流の定めにおける考慮要素

(1)　親子交流に関する定めについて、父母の協議が調わないとき又はその協議をすることができないときは、家庭裁判所がこれを定めることとなる。また、家庭裁判所は、必要があると認めるときは、親子交流の定めを変更することができる。

　もっとも、現行民法には、子の利益を考慮すべき旨が規定されているほかは、家庭裁判所が親子交流の定め又は変更の審判をするに当たっての具体的な基準や考慮要素を定めるものはない。このような現状に対しては、家庭裁判所の判断基準が明確でないとの指摘がある。

　そこで、**試案4(2)**は、このような指摘を踏まえ、その考慮要素を明確化することを提示している。

(2)　**試案の注2**は、親子交流の定めをするに当たっての具体的な考慮要素として考えられるものの例として、①子の生活状況、②子の発達状況及び心情やその意思、③交流の相手となる親と子との関係、④親子交流を安全・安心な状態で実施することができるかどうか（交流の相手となる親からの暴力

や虐待の危険の有無などを含む。）などのほか、⑤交流の相手となる親と他方の親との関係を掲げている。

　もっとも、親子交流についても、監護者指定と同様に、この考慮要素の定め方には様々な意見があり、例えば、上記のうちの④親子交流を安全・安心な状態で実施することができるかどうかについては、父母の一方から子に対する暴力や虐待の危険の有無があるかどうかといった観点のみから限定的に考慮すべきであるとの考え方がある一方で、子どもが親子交流先から同居親の元に無事に帰ってくることが確保できるかどうかといった不安を除去することができるかどうかなども含めて広く様々な観点から考慮する必要があるといった考え方もある。

　また、⑤交流の相手となる親と他方の親との関係については、親子交流の際には父母が直接対面する必要は必ずしもないことを理由に、父母間の関係を考慮する必要はないとの考え方がある一方で、婚姻期間中にＤＶ等があった場面を念頭に、父母間の関係がどういったものであるかは親子交流の実施の有無や方法を決する上で考慮すべき事情であるとの考え方もある。

⑶　さらに、部会のこれまでの議論においては、どのような場合に親子交流を実施することが子の利益に資するのかなどの具体的な基準や判断枠組みをも明確化することも必要ではないかとの意見も示された。

　部会のこれまでの議論においては、親子交流の実施と子の利益との関係について、子が別居親と適切な形で親子交流をすることが基本的にはその健全な成長に有益なものであるということができるとの理解を前提として、子の福祉の観点からその親子交流を禁止すべき事由が認められない限り、別居親と子との親子交流が子の最善の利益に資するとの意見が示された一方で、別居親との親子交流が子の心身に与える影響は各家庭の事情によって様々であるとして、親子交流の実施が子の最善の利益に反する場合もあるため慎重な検討が必要であるとの意見も示された。

　こういった意見の対立があることを踏まえつつ、**試案の注3**では、親子交流を実施する旨の定めをするかどうかの判断基準を明確化すべきであるとの考え方を提示している。このほか、部会のこれまでの議論においては、親子交流の頻度について、養育費における養育費算定表と同様に、一定のモデルを示すことも必要ではないかといった意見も示された。

⑷　父母の離婚等に伴う問題は、事案ごとに具体的な状況が千差万別であるところ、画一的な考慮要素を定めることは困難であるとの指摘もある。

　そのため、**試案4⑵の本文**とは異なり、この場面での考慮要素についての明文の規定を設けるのではなく、引き続き、解釈に委ねるのが相当であるとの考え方もあり得る。

第4　親以外の第三者による子の監護及び交流に関する規律の新設

1　第三者による子の監護

(1)　親以外の第三者が、親権者（監護者の定めがある場合は監護者）との協議により、子の監護者となることができる旨の規律を設けるものとし、その要件等について引き続き検討するものとする（注1、2）。

(2)　上記(1)の協議が調わないときは家庭裁判所が子の監護をすべき者を定めるものとする考え方について、その申立権者や申立要件等を含め、引き続き検討するものとする。

（注1）監護者となり得る第三者の範囲について、親族に限るとする考え方や、過去に子と同居したことがある者に限るとする考え方がある。

（注2）親以外の第三者を子の監護者と定めるには、子の最善の利益のために必要があることなどの一定の要件を満たす必要があるとの考え方がある。

（補足説明）

1　第三者による子の監護（**試案1(1)並びに注1及び注2**）

(1)　民法第766条の解釈として、①父母以外の第三者を監護者と定める旨の協議をすることができるかどうかや、②その協議が調わない場合等に当該第三者が家庭裁判所に対して監護者指定の申立てをすることができるかどうかについては、これらを肯定する考え方と、否定する考え方がある。

(2)　**試案1(1)の本文**は、まず、このうちの①の問題について、第三者が、親権者（監護者の定めがある場合は監護者）との協議により、子の監護者となることができる旨の規律を提示している。このような規律が必要であると指摘する立場は、第三者を監護者に指定する必要がある場面として、例えば、父母の監護能力は十分といえないものの、親権制限の申立てをするほどではないといった場面や、将来的な親子の再統合のことを考えると親権制限の申立てが相当でないといった場面があり得ることを指摘した上で、これらの場面では適切な親族等の第三者を監護者に指定することが有効な選択肢となり得ると主張するものと整理することができる。部会のこれまでの議論においては、このような考え方を支持する意見として、現在の裁判実務においても、父母以外の第三者を監護者に指定している例が存在するとの指摘がされた。

　　　もっとも、①の問題について第三者を監護者に指定することが必要となる場面があり得るとしても、そのような指定をする許容性の有無については、別途の考慮を要する。すなわち、父母以外の第三者が監護者に指定されることで子の利益が害されることを防止するための仕組みとして、例えば、監護者となり得る第三者の範囲を限定し、子の養育との関係で一定の関連性（例えば、親族関係や同居歴の有無など）を有することを要求すべきであ

るとの考え方や、父母以外の第三者を監護者と定めるための要件として、それが子の最善の利益のために必要であることを要求すべきであるとの考え方がある。**試案の注１及び注２**は、これらの考え方を提示するものである。

２　第三者による申立ての可否（**試案１⑵**）

　　上記のうちの②の問題については、最高裁令和３年３月２９日決定（民集第７５巻３号９５２頁）が、「民法その他の法令において、事実上子を監護してきた第三者が、家庭裁判所に上記事項を定めるよう申し立てることができる旨を定めた規定がな」いこと等を理由として、これを否定する立場を明らかにした。また、第三者に対して監護者指定の申立権を付与すると、潜在的な紛争当事者が増加することで、親権者や子が無用の紛争に巻き込まれ、結果的に子の利益を害することとなりかねないとの指摘もある。

　　もっとも、このような結論に対しては、例えば、長年にわたって事実上子を監護してきた第三者が、親権者からの当該子の引渡し請求に対抗することができなくなるため、子の監護環境を不安定なものとさせる点で不当であるとの批判がある。そこで、**試案１⑵**では、親と親以外の第三者との間の協議が調わないときは家庭裁判所が子の監護をすべき者を定めるものとする考え方を提示している。

　　２　親以外の第三者と子との交流
　　⑴　親以外の第三者が、親権者（監護者の定めがある場合は監護者）との協議により、子との交流をすることができる旨の規律を設けるものとし、その要件等について引き続き検討するものとする（注１、２）。
　　⑵　上記⑴の協議が調わないときは家庭裁判所が第三者と子との交流について定めるものとする考え方について、その申立権者や申立要件等を含め、引き続き検討するものとする。

（注１）子との交流の対象となる第三者の範囲について、親族に限るとする考え方や、過去に子と同居したことがある者に限るとする考え方がある。
（注２）親以外の第三者と子との交流についての定めをするには、子の最善の利益のために必要があることなどの一定の要件を満たす必要があるとの考え方がある。

（補足説明）
１　子と第三者との交流
　⑴　民法第７６６条の解釈として、①父母以外の第三者と子との交流を協議により定めることができるかどうかや、②その協議が調わない場合等に当該第三者が家庭裁判所に対してその交流の申立てをすることができるかどうかについては、これらを肯定する考え方と、否定する考え方がある。
　⑵　**試案２⑴の本文**は、まず、このうちの①の問題について、第三者が、親権

者（監護者の定めがある場合は監護者）との協議により、子との交流についての定めをすることができる旨の規律を提示している。このような規律の必要性の根拠としては、例えば、子が長年にわたって祖父母と同居し、両者の間に愛着関係が形成されていたような場面を想定したときには、父母と祖父母との関係が悪化した後も、引き続き子と祖父母との交流を維持することが子の最善の利益の観点から重要であるとの指摘がある。

　その上で、第三者との交流の定めをするための要件として、例えば、監護者となり得る第三者の範囲を限定し、子の養育との関係で一定の関連性（例えば、親族関係や同居歴の有無など）を有することを要求すべきであるとの考え方や、父母以外の第三者との交流を定めるための要件として、それが子の最善の利益のために必要であることを要求すべきであるとの考え方がある。**試案の注１及び注２**は、これらの考え方を提示するものである。

2　第三者による申立て

　上記のうちの②の問題については、最高裁令和３年３月２９日決定（集民第２６５号１１３頁）が、これを否定する立場を明らかにした。この場面でも、第三者に申立権を付与すると、潜在的な紛争当事者が増え、親権者や子が無用の紛争に巻き込まれ、結果的に子の利益を害することとなりかねないとの指摘もある。

　もっとも、このような結論に対しては、祖父母との交流の継続が子の最善の利益に資するといえる事案においても、父母が同意しなければこれを実現する手立てがなくなってしまい、結果的に子の利益に反する結果となるとの批判がある。そこで、**試案２(2)**では、親と親以外の第三者との間の協議が調わないときは家庭裁判所が子と第三者との交流について定めるものとする考え方を提示している。

第５　子の監護に関する事項についての手続に関する規律の見直し

1　相手方の住所の調査に関する規律

　子の監護に関する処分に係る家事事件手続において、家庭裁判所から調査の嘱託を受けた行政庁が、一定の要件の下で、当事者の住民票に記載されている住所を調査することを可能とする規律（注１、２）について、引き続き検討するものとする（注３）。

（注１）調査方法としては、行政庁が、住民基本台帳ネットワークシステムを利用して調査するとの考え方がある。

（注２）当事者は、家庭裁判所又は行政庁が把握した住所の記載された記録を閲覧することができないとの規律を設けるべきであるとの考え方がある。

（注３）相手方の住民票に記載されている住所が判明したとしても、相手方が当該住所に現実に居住しているとは限らないために居住実態の現地調査が必要となる場合があり

得るところであり、こういった現地調査に係る申立人の負担を軽減する観点から、例えば、公示送達の申立ての要件を緩和すべきであるとの考え方がある。他方で、公示送達の活用については相手方の手続保障の観点から慎重に検討すべきであるとの考え方もある。

（補足説明）

1　検討の背景

　　子の監護に関する家事事件（監護者指定のほか、養育費、親子交流などが含まれる。）の申立てをする場合には、相手方の住所を申立書等に記載する必要があるが（注1）、未成年の子の父母が別居している場合には、父母の一方が、他方の住所を知らないことがあり得る。このような場合において、現行法の下では、申立人において、相手方の住民票又は戸籍の附票を取得することによって相手方の住所を調査することが期待される（注2、3）が、特に、相手方が複数回にわたって転居・転籍をしている場合等には、調査は申立人にとって負担となる上、相応の時間もかかる。

　　そのような場合において、現行法でも、家事事件手続において、家庭裁判所（注4）が、市区町村に対して、相手方の住所の調査を嘱託することはある（家事事件手続法第62条及び第258条第1項）が、相手方が転籍等を繰り返している場合には、調査嘱託を複数回することが必要となり、結局、相当の期間を要することになる。

2　**試案1の本文及び注1**の考え方等

　　このような問題について、家事事件手続における当事者の手続負担を軽減するために、住民基本台帳ネットワークシステムを利用して、本人確認情報の1つである住民票に記載された相手方の住所の提供を求めることができるようにし、迅速かつ簡便な住所調査を可能にすべきであるとの意見があり、**試案1の本文及び注1**は、そのような考え方に基づく規律を提示するものである（注5）。

　　これに対し、住民基本台帳ネットワークシステムは、行政の合理化を目的とする制度（住民基本台帳法（以下「住基法」という。）第1条）であり、私人間の権利義務に関する家事事件に利用することは慎重に考えるべきであるとの指摘や、実際には転籍等を繰り返している者は多くないため、戸籍の附票等を多数回にわたって入手しなくてはならないケースはごくわずかにすぎないことから、実務上、当事者にかかっている負担はさほど大きくないのではないかとの指摘があるほか、当事者の負担軽減を図る方策としては、民事基本法制の枠組みではなく、行政上の支援の枠組みで考えるべきとの指摘もある。

3　**試案の注2**の考え方

　　相手方の住所調査について、当事者（申立人）の負担軽減を図るという方

向性に肯定しつつも、申立人が相手方の住所を知り得ることが適切でない場合があるのではないかとの意見があり、**試案の注2**は、そのような意見を踏まえ、**試案1の本文**の規律により取得された住所情報の記載された記録を当事者が閲覧することができないものとする規律を提示している。

4　**試案の注3の考え方**

　　裁判手続の申立てに当たっては、相手方の住民票上の住所が把握できたとしても、相手方が現実にその住居に居住していない場合等には、当該住所に申立書を送付することができず、転居先や就業場所など他に送付すべき場所も不明な場合には、公示送達によって手続を進めることとなる。現在の裁判実務では、公示送達を行おうとする場合には、申立人において、公示送達の要件である相手方の「送達をすべき場所が知れない場合」（民事訴訟法第110条第1項第1号）に該当することの資料として、相手方が住民票上の住所に居住していないことを裏付ける資料（現地調査に関する資料）を提出することが必要になることが多いところであるが、申立人にとっては、その現地調査が大きな負担になる場合が少なくないため、公示送達の要件を緩和すべきであるとの指摘がある。**試案の注3前段**は、そのような考え方を提示している。

　　これに対し、公示送達は、知らない間に自身についての裁判手続が進行する可能性を包含している制度であり、相手方の手続保障の観点から慎重に検討すべきであるとの指摘もあり、**試案の注3後段**は、そのような考え方を提示している。

5　他の考え方（土地管轄について）

　　子の監護に関する処分の審判事件は、子の利益の観点から子の現状の調査や子の意思の把握等を踏まえて判断すべきであるが、そのような裁判資料の収集の便宜を踏まえ、当該審判事件の管轄は、子の住所地を基準に定められている。また、家事調停事件の管轄は、相手方の住所地を基準に定められている。

　　このような家事事件の管轄に関して、部会のこれまでの議論においては、父母の一方が他の一方に無断で子を連れて転居した事案における裁判手続については、当該父母及び子が従前同居していた地を管轄する家庭裁判所においても審判又は調停の申立てをすることができるようにすべきではないかとの意見も示された。

（注1）家事事件手続規則第1条第1項第1号では、当事者等が裁判所に提出すべき書面には、当事者の氏名及び住所を記載するものとされている。ただし、同号において住所の記載が求められている趣旨は、当事者の特定のためであるから、同号との関係では、必ずしも現住所でなくても足り、過去の一定時点における住所や、実家の住所を記載することも許されると解されている。

　　もっとも、子の監護に関する家事事件手続を進めるためには、申立書の写しを相手方に送付する必要がある（家事事件手続法第６７条第１項及び第２５６条第１項）ため、申立人は、申立て時において、相手方の現住所（現に居住している場所が不明な場合には、通常、住民票上の住所）を家庭裁判所に報告する必要がある。

（注２）住民票にあっては、住基法第１２条の３第１項に基づき、自己の権利を行使するために必要がある場合には、相手方（元配偶者）の住民票の写しの交付を請求できるとされている。また、戸籍の附票にあっては、元配偶者であれば、①戸籍の附票から除かれた者として住基法第２０条第１項に基づき、あるいは②自己の権利を行使するために必要がある者として同条第３項に基づき、それぞれ従前の（婚姻中に在籍していた）戸籍の附票を請求することができるとされている。①の場合、相手方が転籍していると、転籍先の戸籍の附票については、元配偶者が「戸籍の附票から除かれた者」として請求することはできないが、②のとおり、自己の権利を行使するために必要がある者として戸籍の附票を請求することはできる。また、申立人から受任している弁護士、司法書士等は、職務上請求として、市区町村に対して、相手方の住民票及び戸籍の附票の写しの交付を求めることができる（住基法第１２条の３第２項及び第３項、第２０条第４項）とされており、住民票等の写しの入手につき、申立人の手続負担を軽減する制度もある。

（注３）特にＤＶ等の事案では、申立人に住所を調査させることはできないから、現在の実務においても、家庭裁判所において、申立てに基づき、市区町村に対して戸籍の附票の記載事項を調査嘱託するなどの方法によって相手方の住所を調査している。

（注４）調査嘱託の実施の要否は、家庭裁判所が、事案の性質、住所の調査経緯、当事者による住所調査の困難性などの事情に照らして判断しており、当事者が調査嘱託の実施を求めたからといって、必ず調査嘱託が実施されるものではない。

（注５）本規律の適用範囲を子の監護に関する処分に係る家事事件に限る必要はないとの考え方もあり得る。他方で、子の監護に関する処分に係る家事事件の中にも、監護者指定・養育費・親子交流といった複数の類型があるため、各類型ごとに要件等を分けて検討すべきではないかとの考え方もある。

2　収入に関する情報の開示義務に関する規律

　　養育費、婚姻費用の分担及び扶養義務に関して、当事者の収入の把握を容易にするための規律について、次の考え方を含めて、引き続き検討するものとする。

(1)　実体法上の規律

　　父母は、離婚するとき（注１）に、他方に対して、自己の収入に関する情報を提供しなければならないものとする。

(2)　手続法上の規律

　　養育費、婚姻費用の分担及び扶養義務に関する家事審判・家事調停手続の当事者や、婚姻の取消し又は離婚の訴え（当事者の一方が子の監護に関する処分に係る附帯処分を申し立てている場合に限る。）の当事者は、家

　　庭裁判所に対し、自己の収入に関する情報を開示しなければならないものとする（注２）。

（注１）婚姻費用の分担に関し、離婚前であっても、一定の要件を満たした場合には開示義務を課すべきであるとの考え方がある。

（注２）当事者が開示義務に違反した場合について、過料などの制裁を設けるべきであるとの考え方がある。

（補足説明）

1　検討の背景

　　家事事件手続における現在の実務では、養育費（婚姻費用の分担として、実質的には養育費相当額を請求する場合を含む。）の額は、権利者及び義務者の双方の収入等に基づいて算定されている。しかし、義務者から収入に関する資料が任意に提出されない場合には、権利者において義務者の収入等に関する資料を提出する必要があることとなるが、特に別居から時間が経過しているような場合には、権利者においてそのような資料を提出することが困難な場合が多いと思われる。

　　このような場合には、家庭裁判所から、市区町村に対して義務者の所得等についての調査嘱託がされることがあるが、当該市区町村からは守秘義務等を根拠に回答を拒まれることも少なくないため、義務者の収入に関する資料を可及的に確保できるようにするための規律を設けるべきであるとの指摘がある（注１）。

2　実体法上の情報開示義務（**試案２(1)**）

　　養育費は民法第７６６条第１項により、第一次的には当事者の協議によって定めるものとされているところ、当事者間の協議においても、それぞれの収入を把握できるようにすることが、当事者間における養育費等の金額の適正な算定を可能とし、ひいては当事者間の合意が促進されて子の最善の利益の確保につながると考えられる。そこで、養育費に係る金額の適正な算定に必要な情報として、当事者（父母）間において、離婚時に、相手方の収入の情報を開示することを求める実体法上の根拠を定めるべきとの指摘があり、**試案２(1)**は、そのような考え方に基づく規律を提示するものである（注２、３）。

　　また、父母が婚姻中に別居している場合において、子と同居して子の監護をしている父母の一方が、他の一方に対して、婚姻費用の分担として、子の監護に要する費用（実質的には養育費と同義）を請求することができると解されていることから、開示義務を課す場面を離婚時に限定すべきではなく、離婚前であっても、別居しているなどの一定の要件を満たす場合には開示義務を課すべきであるとの指摘があり、**試案の注１**では、そのような考え方を提示している（注４）。

3　家事事件手続における情報開示義務（**試案2(2)**）

　　養育費等に関する裁判手続（注5）において、適正な事実認定及び判断を、迅速かつ容易にできるようにするために、当事者に対して収入に関する手続法上の開示義務を課すべきであるとの指摘があり、**試案2(2)**は、そのような考え方に基づく規律を提示するものである（注6）。

　　また、手続法上の開示義務の実効性を確保するために、当事者が正当な理由なく陳述すべき事項について陳述せず、又は虚偽の陳述をしたときは、家庭裁判所が過料に処するものとする考え方もある。そのほか、当事者が収入を有していることが認められるにもかかわらず、その具体的内容等を明らかにしない場合は、家庭裁判所は、審判手続の全趣旨に基づき、収入の額を認定することができるものとする考え方もある。このように、開示義務の実効性を確保するための方策として制裁を設けるべきとの考え方があり、**試案の注2**ではそのような考え方を提示している。

4　**試案2(1)と(2)の関係について**

　　試案2(1)は、離婚時における当事者間に関する規律であり、**試案2(2)**は、裁判手続において適用されることが想定される規律であるから、排他的な関係にあるものではない。そのため、子の利益をより一層確保するという観点から、**試案2(1)及び(2)**のいずれも導入すべきとの考え方がある。これに対し、当事者間における実体法上の開示義務（**試案2(1)**）は、訓示的・理念的な行為規範としてしか機能し得ず、情報の開示について当事者間に争いがある場合には結局のところ裁判手続を通じた調整が必要となるため、手続法上の開示義務（**試案2(2)**）のみ定めれば足りるのではないかとの指摘があり得る。

5　その他検討すべき事項

　　養育費等の額を算定するに当たって考慮される収入額は、基本的には、当該算定時における当事者双方の収入であるものの、当該算定時には、収入が無い又は低廉であるものの、過去に十分な収入があった又は将来的に十分な収入を得られる見込みがあるなどの場合には、その状況をも考慮して、養育費等の額を算定している裁判実務に鑑みて、開示義務を課す「収入」の範囲についても更なる検討が必要であるとの指摘もあり得る。

（注1）裁判所による調査嘱託は、それに応じる公法上の義務があると解されている一方で、守秘義務等を定める個別法令との比較考量によって、最終的に調査嘱託に応じるか否かを決すべきとされている。この点、**試案2(1)及び(2)**のように、実体法上又は手続法上の開示義務を定めることによって、当事者間及び当事者・家庭裁判所間においては、当事者の収入・財産等に関する情報に秘匿性がないことを明示し、ひいては、調査嘱託への回答が促進されることが期待されるとの指摘もある。

（注2）この点、仮に実体法上の開示義務を法定するとしても、その義務を訓示的・抽象的な義務とするのか、具体的な請求権を生じさせ得る義務とするのかなど、開示義務の法

的性質について更なる検討をすべきであるとの指摘もある。

（注３）離婚時の子の監護の定めに関する協議については、子の監護についての必要な事項全般について行われるものであって、収入の開示義務に限定されず、協議事項一般について誠実に対応する義務を課すべきとの考え方もあり得る。

（注４）婚姻費用の分担は、子を有しない夫婦間においても請求可能であるため、この開示義務に関する適用範囲（主体）については、更なる検討が必要であるとの指摘もある。

（注５）子の監護に要する費用の算定は、民法第７６６条に基づく養育費請求（家事事件手続法別表第二の三項）に限った問題ではなく、婚姻費用の分担（同別表第二の二項）や扶養の程度についての決定（同別表第二の十項）としても問題となり得る上、家事事件（家事審判・家事調停）のみではなく、離婚訴訟（人事訴訟）における附帯処分としても問題となり得る。

（注６）家事事件手続法第５６条第２項は、「当事者は、適切かつ迅速な審理及び審判の実現のため、事実の調査及び証拠調べに協力するものとする。」と規定しているところ、この規定の解釈として、一致した見解はないが、当事者に資料提出義務を課すものではないというのが一般的な解釈と思われる。

3　親子交流に関する裁判手続の見直し

(1)　調停成立前や審判の前の段階の手続

親子交流等の子の監護に関する処分の審判事件又は調停事件において、調停成立前又は審判前の段階で別居親と子が親子交流をすることを可能とする仕組みについて、次の各考え方に沿った見直しをするかどうかを含めて、引き続き検討するものとする（注１）。

ア　親子交流に関する保全処分の要件（家事事件手続法第１５７条第１項〔婚姻等に関する審判事件を本案とする保全処分〕等参照）のうち、急迫の危険を防止するための必要性の要件を緩和した上で、子の安全を害するおそれがないことや本案認容の蓋然性（本案審理の結果として親子交流の定めがされるであろうこと）が認められることなどの一定の要件が満たされる場合には、家庭裁判所が暫定的な親子交流の実施を決定することができるものとするとともに、家庭裁判所の判断により、第三者（弁護士等や親子交流支援機関等）の協力を得ることを、この暫定的な親子交流を実施するための条件とすることができるものとする考え方（注２、３）

イ　家庭裁判所は、一定の要件が満たされる場合には、原則として、調停又は審判の申立てから一定の期間内に、１回又は複数回にわたって別居親と子の交流を実施する旨の決定をし、【必要に応じて】【原則として】、家庭裁判所調査官に当該交流の状況を観察させるものとする新たな手続（保全処分とは異なる手続）を創設するものとする考え方

(2)　成立した調停又は審判の実現に関する手続等

　　親子交流に関する調停や審判等の実効性を向上させる方策（執行手続に関する方策を含む。）について、引き続き検討するものとする。

（注１）調停成立前や審判前の段階での親子交流の実施に関する規律については、本文のような新たな規律を設けるのではなく現行の規律を維持すべきであるとの考え方や、家庭裁判所の判断に基づくのではなく当事者間の協議により別居親と子との親子交流を実現するための方策を別途検討すべきであるとの考え方もある。

（注２）親子交流に関する保全処分の要件としての本案認容の蓋然性の有無を判断するに際して、子の最善の利益を考慮しなければならないとの考え方がある。また、親子交流に関する保全処分の判断をする手続（本文の(1)アの手続）においても、家庭裁判所が、父母双方の陳述を聴かなければならず、また、子の年齢及び発達の程度に応じてその意思を考慮しなければならないものとする考え方がある。本文の(1)イの手続についても、同様に、父母双方の陳述や子の意思の考慮が必要であるとの考え方がある。

（注３）本文(1)アの考え方に加えて、調停又は審判前の保全処分として行われる暫定的な親子交流の履行の際にも、家庭裁判所が、家庭裁判所調査官に関与させることができるものとする考え方もある。

（補足説明）
1　親子交流に関する調停成立又は審判等の前の段階での交流
　(1)　検討の必要性
　　　父母の別居後又は離婚後、別居親と子との間の親子交流に関する事項は、父母の協議又は家庭裁判所の調停若しくは審判によって定められることとなる。もっとも、親子交流の調停手続又は審判手続には相応の時間を要するため、その調停成立や審判等を待っていては、別居親と子との交流がない期間が長期間にわたって継続することとなりかねない。

　　　このようなことに対しては、例えば、その後に親子交流の定めがされたとしても、子が当該別居親を受け入れにくくなる結果として、その親子交流を円滑に行うことが困難となるといった弊害の指摘がある。また、例えば、子が別居親と長期間にわたって交流をすることができなくなることが、実務上、その後の親権者指定や監護者指定の判断に対して不当な影響を与えているのではないかといった指摘もある。さらに、これまでの部会における議論では、別居親と子が会えない期間が長期化することは、子が非常に不安な状態に置かれることとなり、子にとっても悪影響であるといった指摘もされた。

　　　こういった指摘を踏まえ、**試案3(1)**では、親子交流等の子の監護に関する処分の審判事件又は調停事件において、調停成立前又は審判前の段階で別居親と子が交流をすることを可能とする仕組みについて取り上げている。
　(2)　現行法の規律と問題点の指摘

　ア　調停成立前又は審判前の段階で別居親と子が交流をすることを可能とする制度としては、現行法上、審判前の保全処分の制度がある。

　　　しかし、審判前の保全処分は、その要件として「子その他の利害関係人の急迫の危険を防止するため必要があるとき」との要件を満たす必要があるが、実際には、別居親と子との交流が子の最善の利益に資する場合であったとしても、この要件を満たすことは多くないとの指摘がある。

　イ　また、家庭裁判所は、親子交流の審判事件において、家庭裁判所調査官に事実の調査をさせることができる。現在の裁判実務では、このような調査の過程で、家庭裁判所調査官の関与の下で、当事者双方が同意していることを前提に、審理判断に必要な調査や紛争解決に向けた調整を目的として、試行的に、別居親と子との交流を実施するといった運用がされる事案がある。このような試行的な親子交流は、飽くまで当事者の同意に基づき、上記のような調査や調整に必要な範囲で実施するものであるが、副次的に、調停成立又は審判等の前の段階で、別居親と子が交流することを実現する効果を有するものである。そして、現行家事事件手続法には、このような試行的な親子交流の実施要件等を定めた明文の規定はなく、どのような場合に、どのような手続により実施するかは、家庭裁判所の裁量に委ねられている。

　　　このような試行的な親子交流の運用に対しては、同居親がこれに反対した場合には実施されないという問題点が指摘されている。

　　　また、現在の試行的な親子交流は、その調停・審判の手続の序盤の段階で行われるとは限らず、むしろ、調査や調整の必要に応じ、双方当事者からの主張立証や家庭裁判所調査官による他の調査を経た後に実施される場合もあることから、別居親と子との交流がない期間が長期間にわたって継続するという事態を解消することはできていないとの指摘もある（注）。

(3)　**試案3(1)アの考え方の概要**

　ア　**試案3(1)ア**は、調停成立前又は審判前の段階で別居親と子が交流をすることを可能とする仕組みとして審判前の保全処分の手続を活用することを目指す考え方であり、上記(2)アの問題点の指摘を踏まえ、審判前の保全処分の要件のうち、「急迫の危険を防止するための必要性」の要件を緩和する方向での見直しをする考え方を提示するものである。

　　　このような見直しにおいては、暫定的に行われる親子交流が安全・安心な形で行われることを担保する仕組みが問題となり得るところであり、例えば、保全命令の発令のための要件として、暫定的な親子交流により子の安全を害するおそれがないことを要求すべきであるとの考え方がある。

　　　また、**試案3(1)ア**は、飽くまで審判前の保全処分の枠組みで暫定的な親子交流の実施を決定する仕組みであるから、当然に、本案認容の蓋然性が

あること（すなわち、本案審理の結果として、親子交流の定めがされるであろうこと）も求められることとなる。そして、親子交流に関する審判の本案の判断においては、「子の利益を最も優先して考慮しなければならない」ものとされているため（民法第766条第1項及び第2項参照）、**試案3(1)ア**の仕組みにより暫定的な親子交流の実施をするかどうかの判断においても、子の最善の利益を考慮しなければならないものとする考え方がある（**試案の注2**）。なお、**試案の前記第3の4(2)**においては、具体的事案の解決に当たる家庭裁判所が親子交流の判断において考慮すべき事情を明確化することを提示しているが、このような考慮要素は、審判前の保全処分についての判断をするに当たっても、考慮されるべきであると考えられる。

　さらに、家事事件手続法第157条第2項によれば、家庭裁判所は、親子交流に関する保全処分を決定する際には、原則として、父母及び子（ただし15歳以上の者に限る。）の意見を聴かなければならず、また、同法第65条によれば、家庭裁判所は、家事審判の手続において子の意思を把握するように努めた上で、審判をするに当たり、子の年齢及び発達の程度に応じて、その意思を考慮しなければならない。このことは、**試案3(1)ア**の保全処分の決定をするに際しても同様であるとの考え方がある（**試案の注2**）。

イ　現に係争下におかれている父母間においては、当事者間のみで親子交流を安全・安心な形で実施することができる場合もあり得る一方で、第三者の協力を借りた方がその安全・安心をより一層強く確保することができる場合もあり得る。そこで、**試案3(1)ア**では、家庭裁判所が、この暫定的な親子交流の実施を決定するに当たっては、第三者の協力を得ることを、この暫定的な親子交流を実施するための条件とすることができるものとする考え方を提示している（なお、この考え方は、全ての親子交流にこのような第三者の関与を必須とすることを提示しているものではなく、第三者の協力が必要であるかどうかは、個別の事案ごとに家庭裁判所が判断することが想定される。）。

　このような第三者として想定され得る候補としては、例えば、弁護士等や親子交流支援機関等が考えられるほか、部会のこれまでの議論では、家庭裁判所調査官がこれに関与する可能性を示唆する意見も示された。**試案の注3**はこのような意見を踏まえた考え方を提示している。

(4)　**試案3(1)イの考え方の概要**

ア　試案3(1)イの考え方は、手続のより早期の段階で別居親と子が交流をすることを可能とする仕組みとして、既存の保全処分や試行的な親子交流の運用とは別の新たな仕組みを創設することを提示するものである。

　そして、そのような新たな仕組みの概要として、**試案3(1)イ**では、家庭

裁判所が、一定の要件が満たされる場合には、原則として、調停又は審判の申立てから一定の期間内に、１回又は複数回にわたって別居親と子の交流を実施する旨の決定をする手続を提示している。

イ　このような新たな仕組みを構想するに当たっては、家庭裁判所がその決定をするための「一定の要件」や手続・実施方法をどのように設定するかが問題となり得るが、別居親と子との交流がない期間の長期化を避ける必要性と、安全・安心の確保の必要性の両面からの検討や、別居後に別居親と子が最初に会う親子交流の重要性を踏まえた検討が必要となるとの指摘があり得る。

　また、このような新たな仕組みにおいても、本案認容の蓋然性が認められる必要があるかどうか、父母双方及び子の意見を聴取することが必要かどうかや、子の意思の把握及び考慮の必要性などが問題となり得るほか、**試案３(1)イ**の決定に対する不服申立てに関する規律や、その決定に当事者が従わない場合の方策などについても、引き続き検討する必要があると考えられる。

ウ　また、部会のこれまでの議論においては、このような早期の段階で別居親と子が交流する様子を家庭裁判所調査官が直接観察することは、その後の親権者指定や監護者指定の判断の適正性を確保する上でも重要であるとの指摘がされた。

　試案３(1)イでは、そのような観点から、家庭裁判所調査官に当該交流の状況を観察させるものとする考え方を提示している。部会の議論においては、どのような場合に家庭裁判所調査官による観察が必要となるかについての意見が分かれ、①これが「必要に応じて」行われればよいとし、家庭裁判所調査官による観察を要するかどうかは個別の事案に応じて家庭裁判所が裁量的に判断すれば足りるとする考え方と、②これが「原則として」行われるべきであって、一定の例外的な要件が満たされない限りは、家庭裁判所調査官による観察が行われなければならないとする考え方が示された。このような家庭裁判所調査官の関与の在り方については、家庭裁判所にどのような役割を期待するかや、その中立性や公平性を確保することができるかなども含め、引き続き検討する必要があると考えられる。部会の議論では、家庭裁判所調査官が履行確保を行うものではない（中立の立場から調査を行うことが必要であり、子が交流に消極的な態度を示した場合に交流を強制する役割を負うものではない）ことを明確にする必要があるとの意見や、その後の調査への影響（例えば、家庭裁判所調査官と子との関係に支障が生ずると、その後の調査を適切に行う事ができないおそれがあること）に関する懸念を指摘する意見も示された。

(5)　**試案３(1)アとイ**の関係
　試案３(1)アの考え方と**試案３(1)イ**の考え方は、いずれも矛盾するもので

はないため、どちらか一方の見直しのみをすべきであるとの考え方と、その双方の見直しをいずれも行うべきであるとの考え方の双方があり得る。

　　試案3(1)ア又はイのいずれかの方向での見直しをすることとなれば、今後、その具体的な要件や手続について詳細に検討することとなるが、その際には、「安全・安心」が確保されるような仕組みを設計すべきであると考えられる。部会のこれまでの議論においては、裁判手続に関する検討のみではなく、親子交流支援の在り方についても議論が必要であるとの意見も示された。

⑹　見直しに消極的な考え方

　　試案3(1)ア及びイの考え方は、いずれも、現行家事事件手続法の規律や運用と比較して、調停成立前又は審判前の段階で別居親と子が交流をすることを可能とする範囲を拡大する方向での見直しを提示するものである。

　　もっとも、親子交流の実施が必ずしも子の最善の利益に資するとは限らない場合がある（又は父母の係争中の場面ではそのような場合が多い）と考える立場からは、上記のような方向での見直しをすることに対しては慎重な指摘もあり、部会においても、このような見直しに反対する意見も示された。

　　また、父母の別居後早期の段階で別居親と子との間の交流をすることが有益であることを肯定する立場であっても、父母間の葛藤が高い場面において家庭裁判所の裁判等により（同居親の意に反する）親子交流を実施しようとすることは、父母間の対立をより一層激化させ、結果的に子の最善の利益に反するのではないかとの指摘もある。部会の議論においても、父母の別居後に別居親と子との交流が円滑に行われないことがあるとしても、その原因は必ずしも交流がない期間が長期化したことだけにあるのではなく、別居親側・同居親側の事情も含め、様々な問題があるのではないかとの意見もあり、「未成年期に父母の離婚を経験した子の養育に関する実態についての調査・分析業務報告書」（令和3年1月・公益社団法人商事法務研究会）においても、親子交流が行われない原因が、別居親と子との交流がない期間に着目した分析がされているわけではなく、むしろ、別居時の子の年齢や別居前の当事者間の関係等に着目した分析がされているとの指摘がされた。加えて、現在の試行的な親子交流の実務に関しても、家庭裁判所が中立の立場で審理を進めていることに対する当事者からの信頼が重要であり、調停成立前又は審判前の段階で、家庭裁判所が親子交流を当事者の一方に命令することにはマイナスの効果もあるとの意見も示された。

　　このような指摘を重視する立場によれば、家庭裁判所の判断に基づく手続を前提とする試案3(1)ア又はイのような見直しをするのではなく、当事者間の協議により、安全・安心な形で別居親と子との交流を実現するための別途の方策を講ずる方向での検討を進めるべきであるとの考え方もある。

　　このような指摘も踏まえ、**試案3(1)の本文柱書**においては、**試案3(1)ア又はイ**のような考え方に沿った見直しを「するかどうかを含めて、引き続き検討する」ものとしており、**試案の注1**では、見直しに消極的な意見を提示している。

2　親子交流に関する調停・審判の実効性の向上

(1)　親子交流の定めに関する調停・審判がされたにもかかわらず、同居親がこれに従わない場合の対応策としては、現行法上、①民事執行法に基づく強制執行（ただし、間接強制の方法に限られる。）と、②家事事件手続法に基づく履行状況の調査及び履行の勧告の制度が用意されている。

　　このような現行法の規律に対しては、その実効性が必ずしも十分でないとしてその実効性を向上させる方向での見直しを求める意見があり得る。このような実効性向上を求める立場は、その根拠として、例えば、親子交流の定めに関する調停・審判がされた以上は、それを実施することが子の最善の利益に資するのであるとの指摘をするものと思われる。また、親子交流の法的性質について、これを親の権利であると捉える立場からは、その権利の実効性を向上させる必要があるとの指摘をするものと思われる。

(2)　このような課題に関し、部会のこれまでの議論では、強制力をもって調停又は審判の実現を図る方向での法改正をするのではなく、まずは、親子交流支援団体等による支援等により、調停又は審判によって定められた親子交流を安全・安心に行う環境を整備する方向で、法改正以外の選択肢も含めた方策を検討してはどうかといった指摘がされた。

　　また、調停又は審判等により親子交流の定めがされ、その履行が子の最善の利益に資するにもかかわらず、同居親が正当な理由なく親子交流の実施を拒んでいるなどの事案においては、そのような同居親の態度を親権者の変更等の手続において考慮すべきであるといった指摘もされた。

　　このように、親子交流の定めに関する調停・審判の実効性の向上は、その執行手続の見直しに限らず、幅広く様々な方策について引き続き検討することが考えられる。

(3)　その上で、上記のような方策によっても、なお、親子交流の定めに関する調停又は審判の実効性が向上されないようであれば、直接的な強制執行の導入も含め、その執行手続の見直しも視野に入れた検討をすることが考えられる。

　　もっとも、一回的な執行で完結する子の引渡しの強制執行（民事執行法第174条参照）と比較して、親子交流は、その性質上、同居親から別居親への子の引渡しと、別居親から同居親への引渡しが繰り返されることとなり、このような執行手続が子の心身に与える影響が相対的に大きいと考えられることから、直接的な強制執行の導入には慎重な意見もあり得る。

(4)　**試案3(2)**は、このような様々な意見に留意しつつ、親子交流の調停や審判

等の実効性を向上させるための方策について、引き続き検討することを提示している。

(注)この部会の第7回会議では、試行的親子交流の目的として、①今後、親子交流を実施することを前提に、その際に配慮が必要な課題等について把握・調整することや、②子と別居親との関係に問題があるとの主張がされているような場合等に、親子関係の実態等を精査することなどが挙げられ、家庭裁判所の運用として、かかる目的に照らし、父母双方からの聴き取り等も踏まえ、試行的親子交流の必要性を検討し、実施する場合にも、目的に照らした効果が上げられるように準備を行うとの説明が行われている。

4 養育費、婚姻費用の分担及び扶養義務に係る金銭債権についての民事執行に係る規律

養育費、婚姻費用の分担及び扶養義務に係る金銭債権についての民事執行において、1回の申立てにより複数の執行手続を可能とすること（注1）を含め、債権者の手続負担を軽減する規律（注2）について、引き続き検討するものとする。

(注1)1回の申立てにより、債務者の預貯金債権・給与債権等に関する情報取得手続、財産開示手続、判明した債務者の財産に対する強制執行等を行うことができる新たな制度を設けるべきであるとの考え方がある。

(注2)将来的に、預金保険機構を通じて、相続人等の利用者が、金融機関に対し、被相続人等の個人番号（マイナンバー）が付番された口座の存否を一括して照会し、把握することが可能となる仕組みが整備されることから、民事執行法における預貯金債権等に係る情報の取得手続においても、当該仕組みを利用するなどして、裁判所が複数の金融機関に対する債務者の預貯金債権に関する情報を、一括して探索することができる制度を設けるべきであるとの考え方などがある。

（補足説明）
1 検討の背景

養育費、婚姻費用の分担及び扶養義務に係る債権者にとって、自ら債権執行の申立書などの民事執行手続に係る書類を作成することは、必ずしも容易ではないことが多い。また、債務者の財産等を把握していないという場合には、強制執行の実効性確保のために、財産開示手続や第三者からの情報取得手続を利用して相手方の財産を把握するなどの手続を履践することが相当な場合もある。

このように、民事執行手続においては、財産開示手続、第三者情報取得手続、強制執行など様々な手続があるが、現行法の下では、これらの手続について、それぞれ、当事者による申立て等が必要となるため、法的素養がない者が各手

続を自ら遂行することは容易なことではない上、弁護士への委任等をするとすれば、その分時間や費用が掛かることとなる。

　そこで、究極的には子の利益を確保するためのものであるということを考慮して、養育費、婚姻費用の分担及び扶養義務（注）に係る金銭債権に関する民事執行手続においては、可能な限り、債権者の負担軽減を図るべきであるとの考え方がある。これに対し、債権者の負担軽減を図るとしても、債務者の手続保障の観点も踏まえて慎重に検討すべきであるとの指摘がある。

2　民事執行手続における包括的申立て（**試案4の本文及び注1**）

　養育費、婚姻費用の分担及び扶養義務に関する民事執行手続において、子の利益を確保するという観点から、手続ごとに申立て等が必要となる現行制度を改めて、1回の申立てによって、これらの手続を包括的に申し立てることができるようにすべきであるとの指摘があり、**試案4の本文及び注1**では、そのような考え方を提示している。

　これに対し、現行法では、債務者の手続保障等の点で問題を生じないように慎重に検討すべきであるとの指摘がある。

3　預貯金債権等に係る情報の取得手続を利用した一括的探索（**試案の注2**）

　債権差押えの実務においては、差し押さえるべき債権の存否についての立証を要せず、また、第三債務者（差押えの対象とすべき債権の債務者）の特定がされていれば、その差押えの対象となる債権の厳密な特定がされていなくても、債権差押命令が発令されることとなっている。もっとも、預貯金債権の差押えの場面においては、その差押命令の申立てをする際に、第三債務者（どの金融機関か）に加え、その取扱店舗を限定しなければならないという特殊性がある。

　このような特殊性を踏まえ、令和元年の民事執行法改正においては、債務名義又は一般先取特権を有する債権者からの申立てにより、金融機関から債務者の預貯金債権等に関する情報を取得する制度が創設された。

　もっとも、この第三者からの情報取得手続においては、債権者は、その申立ての際に、どの金融機関からの情報取得を求めるのかを選択する必要があるが（民事執行法第207条第1項）、債権者において、債務者が預貯金債権を有していると思料する金融機関の目星がつかず、差し当たり思い付く複数の金融機関を選択して情報取得を申し立てたものの、預貯金債権を有している金融機関が判明しないという場合もあり得る。

　ところで、預貯金者の意思に基づく個人番号の利用による預貯金口座の管理等に関する法律（令和3年法律第39号）により、預貯金口座の名義人が希望した場合には、当該名義人に係る全ての預貯金口座にマイナンバーが付番されて管理され、預金保険機構を通じて、当該名義人の相続人等の利用者が、複数の金融機関に対し、被相続人（当該名義人）等の個人番号（マイナンバー）が付番された口座の存否を一括して照会し、把握することが可能となる仕組

みが整備される予定である。そこで、民事執行法における預貯金債権等に係る情報取得手続においても、この仕組みを利用して、執行裁判所が預金保険機構を介して複数の金融機関に対して、一括して債務者名義の預貯金口座に係る情報の提供を命じることができるようにすべきとの指摘があり、**試案の注２**では、そのような考え方を提示している。

　このような考え方に対しては、法律で定められたマイナンバーの利用範囲を、私人間の権利義務に係る民事執行手続にまで拡大することは慎重に考えるべきであるとの指摘や、預貯金口座への付番は飽くまでも任意であり、実効性に欠けるとの指摘がある。加えて、預貯金者の意思に基づく個人番号の利用による預貯金口座の管理等に関する法律に係る該当条文は、まだ未施行（令和３年５月１９日の公布日から３年以内の政令で定める日に施行されることとされている）であり、同法に係る預金保険機構及び金融機関におけるシステム等も未整備であるため、必要な整備がされた後に検討すべき長期的課題と捉えるべきであるとの指摘もある。

(注) 子の監護に要する費用に係る請求には、民法第７６６条に規定する子の監護に関する費用の分担（いわゆる養育費）としての請求のほか、同法第７６０条に規定する婚姻費用の分担としての請求や同法第８７７条に規定する扶養義務に基づく請求などがあり得る。この点、仮に、手続法上、他の請求権よりも優先的な地位を付与する方向性で検討するとしても、これらの請求権のうち、どの範囲までを対象とするかは、他の規定（例えば、民事執行法第１５１条の２第１項）の立法趣旨なども含めて、更なる検討が必要と考えられる。

5　家庭裁判所の手続に関するその他の規律の見直し

⑴　子の監護に関する家事事件等において、濫用的な申立てを簡易に却下する仕組みについて、現行法の規律の見直しの要否も含め、引き続き検討するものとする。

⑵　子の監護に関する家事事件等において、父母の一方から他の一方や子への暴力や虐待が疑われる場合には、家庭裁判所が当該他の一方や子の安全を最優先に考慮する観点から適切な対応をするものとする仕組みについて、現行法の規律の見直しの要否も含め、引き続き検討するものとする。

（補足説明）

1　濫用的な申立てに対応するための仕組み　（**試案5⑴**）

　家事事件手続法においては、父母の一方（又はその親族等）が、子の監護に関する処分の審判や親権者の変更の審判の申立てをした場合には、家庭裁判所はその申立書の写しを相手方（父母の他方）に送付しなければならないもの

としている。このため、父母の一方等が多数回にわたってこれらの申立てをすると、その相手方（父母の他方）は、その都度、その裁判手続に対応しなければならないのではないかとの懸念が示され得る。

　もっとも、家事事件手続法第67条第1項では、申立てが不適法であるとき又は申立てに理由がないことが明らかなときは、その申立書の写しを相手方に送付する必要がないものとしている。

　また、家事調停の申立てにおいても、当事者が不当な目的でみだりに調停の申立てをした場合には、家庭裁判所は、調停をしないものとして家事調停事件を終了させることができるものとされている（家事事件手続法第271条）。そして、この場合や家事調停の申立てが不適法である場合には、家庭裁判所は、申立書の写しを相手方に送付する必要がないものとしている（同法第256条第1項）。

　このように、現行家事事件手続法においては、濫用的な申立てがされた場合に対応するための規律が既に整備されているところであるが、**試案第1から第8まで**の規律の見直しをすることで、仮にこのような既存の仕組みのみでは対応することができなくなるのであれば、別途、新たな仕組みを検討する必要があるとの指摘がある。

2　父母や子の安全を最優先に考慮すること　**（試案5(2)）**

　部会のこれまでの議論では、現在の実務の紹介として、家事事件や人事訴訟事件の中でDVや虐待に関する主張がされた場合のほか、（明確な主張がなくても）DVや虐待が疑われる場合には、同居親や子の安全を最優先に考慮するという観点から、手続のどの段階においても優先的かつ慎重な検討等がされているなどの紹介がされた。他方で、こういったDVや虐待に関する家庭裁判所でのアセスメントについては、当事者側からみると、実際には丁寧な対応がされていない事例もあるとの指摘もされた。

　そこで、こういった問題に関して、仮に、家事事件手続法等の規律の中に、家庭裁判所が父母や子の安全を最優先に考慮した審理をすることを困難とさせるものがあれば、その規律を見直すことも含め、引き続き検討することが考えられる。

3　家庭裁判所の手続に関するその他の意見

　部会のこれまでの議論では、**試案第1から第8まで**の規律の見直しをすると、父母間の意見対立を家庭裁判所で調整する場面が現状よりも多くなるのではないかとの指摘がされ、そのような見直しをするに当たっては、家庭裁判所の基盤整備や司法アクセスの拡充が必要であるとの意見も示された。

第6　養子制度に関する規律の見直し（注1）

　1　成立要件としての家庭裁判所の許可の要否

　　未成年者を養子とする普通養子縁組（以下「未成年養子縁組」という。）

に関し、家庭裁判所の許可の要否に関する次の考え方について、引き続き検討するものとする（注２）。

【甲案】家庭裁判所の許可を要する範囲につき、下記①から③までのいずれかの方向で、現行法の規律を改める。

　①　配偶者の直系卑属を養子とする場合に限り、家庭裁判所の許可を要しないものとする。

　②　自己の直系卑属を養子とする場合に限り、家庭裁判所の許可を要しないものとする。

　③　未成年者を養子とする場合、家庭裁判所の許可を得なければならないものとする。

【乙案】現行民法第７９８条〔未成年者を養子とする縁組〕の規律を維持し、配偶者の直系卑属を養子とする場合や自己の直系卑属を養子とする場合に限り、家庭裁判所の許可を要しないものとする。

（注１）養子制度に関する規律の在り方は、上記第２の１記載の離婚後に父母双方が親権者となり得る規律の在り方と密接に関連するため、相互に関連付けて整合的に検討すべきであるとの指摘がある。

（注２）未成年養子縁組の離縁時にも家庭裁判所の許可を必要とすべきであるとの考え方がある。

（補足説明）

１　検討の必要性

　現行民法第７９８条本文は、「未成年者を養子とするには、家庭裁判所の許可を得なければならない。」と定め、未成年養子縁組には、原則として、縁組時に家庭裁判所の許可を必要としているが、これは、養子となる未成年者の福祉に合致しない縁組を阻止する趣旨と解されている。

　その一方で、現行民法第７９８条ただし書は、「自己又は配偶者の直系卑属を養子とする場合は、この限りでない。」と定め、自己又は配偶者の直系卑属を養子とする場合には、家庭裁判所の許可を不要としている。これは、このような未成年養子縁組の場合には、子の福祉に弊害を及ぼす危険が類型的に少ないと考えられるからとされている。

　このような規定に対しては、自己又は配偶者の直系卑属を養子とする場合であっても、子の福祉に弊害を及ぼす危険がないとは必ずしも言い切れず、子の福祉との適合性や養親としての適格性を審査するために、家庭裁判所の許可あるいは何らかの関与を必要とすべきとの意見がある。

２　家庭裁判所の許可を要する範囲（**試案１の本文**）

⑴　**【甲案】**の概要

　【甲案】は、前記１のとおりの指摘を踏まえ、未成年養子縁組の成立時に

おける家庭裁判所の関与の範囲を拡大する方向で現行民法の規律を見直す考え方を提示している。

　　もっとも、部会のこれまでの議論においては、家庭裁判所の許可を必要とすべきとする範囲について、複数の考え方が示された。そこで、【甲案】では、それらの考え方をそれぞれ提示している。

　　【甲案】①の考え方は、未成年養子縁組の成立の要件として原則として家庭裁判所の許可を要求しつつも、配偶者の直系卑属を養子とする場合（いわゆる連れ子養子の場面）については、例外的に家庭裁判所の許可を要しないものとする考え方である。

　　【甲案】②の考え方は、未成年養子縁組の成立の要件として原則として家庭裁判所の許可を要求しつつも、自己の直系卑属を養子とする場合（いわゆる孫養子の場面等）については、例外的に家庭裁判所の許可を要しないものとする考え方である。

　　【甲案】③の考え方は、未成年養子縁組の成立の要件として、例外なく家庭裁判所の許可を要求する考え方である。

⑵　【乙案】の概要

　　未成年養子縁組の成立の場面での家庭裁判所の関与の範囲を拡大しようとする【甲案】の考え方に対しては、現行民法の下でも、具体的な弊害は生じておらず（家庭裁判所の許可が不要とされていることによって、養子にとって不利益となる未成年養子縁組が成立している実態があるとは認められず）、許可の対象を拡大する方向での法改正を基礎付ける立法事実が存在しないのではないかとの指摘や、仮に家庭裁判所が養子縁組を不許可としても、実態としては養親となろうとした者が養子となろうとした未成年者を監護していることが多いのであり、かえって当該未成年者の成育環境が悪化する懸念があるなどといった指摘がある。加えて、家庭裁判所の関与を強めることにより、未成年養子縁組が成立するための手続が重くなるが、そのような方向性でよいのかとの指摘もあり得る。さらには、家庭裁判所の職員（裁判官・家庭裁判所調査官など）・施設等は有限であるため、多数に上るこれらの類型の縁組全てにつき家庭裁判所の許可の対象とする結果、本来子の利益を慎重に見極めなければならない事件が埋没し、結果として子の利益を損なう危険性があるとの指摘もある。

　　【乙案】では、家庭裁判所の許可を要する範囲を拡大することにつき消極的な意見を踏まえ、現行民法の規律を維持する考え方を併記している。

⑶　その他の意見

　　部会においては、縁組当事者に対して、養子縁組に係る法的効果等を可及的に認識させることを目的として、縁組時における家庭裁判所の関与の仕組みとして、家庭裁判所における縁組当事者の宣誓・申述を義務付ける規律を設けることも考えられるという意見も示された。

3 離縁時の家庭裁判所の関与（**試案の注２**）

　現行民法では、家庭裁判所の許可を要せずに、縁組当事者の協議のみで離縁できるとされている（同法第８１１条第１項）。このように協議による離縁が認められている根拠は、離縁の合意は、養親子関係の破綻の徴表として尊重されなければならないと考えられたことにある。しかし、離縁が成立すると、親権は、縁組前の親権者に復すると解されているが、離縁時に、必ずしも当該親権者が養子の養育能力・養育意思を有しているとは限らず、それを担保する制度もない。そこで、養子である未成年者の利益を確保する観点から、未成年養子縁組の離縁時に家庭裁判所の許可を必要とすべきであるとの指摘があり、**試案の注２**では、そのような考え方を提示している。

　もっとも、この考え方に対しては、審査対象が不明確であり、家庭裁判所が適正に離縁の相当性を判断できるかは疑問があるとの指摘や、家庭裁判所が不許可としたとしても、実態としては養親が養子を養育する意思を有していない場合が多く、かえって養子の成育環境が害されるおそれがあるとの指摘がある。

2　未成年養子縁組に関するその他の成立要件

　　（上記１のほか）未成年養子縁組の成立要件につき、父母の関与の在り方に関する規律も含めて、引き続き検討するものとする（注）。

（注）　試案の本文に明示しているもののほか、未成年養子縁組の成立要件に関する規律として、①未成年養子縁組に係る家庭裁判所の許可に係る考慮要素及び許可基準を法定すべきであるとの考え方や②法定代理人が養子となる者に代わって縁組の承諾をすることができる養子の年齢を引き下げ、または、一定以上の年齢の子を養子とする縁組をするためには当該子の同意を必要とするべきであるとの考え方などがある。

（補足説明）

1　父母の関与（**試案２の本文**）

⑴　関与の是非

　　現行民法では、未成年養子縁組につき、養子となる者が１５歳未満である場合には、親権者は代諾権者として（同法第７９７条第１項）、監護者又は親権停止中の父母は同意権者として（同条第２項）、それぞれ未成年養子縁組につき関与することが認められている一方で、親権者でも監護者でもない父母の関与を認める規律は設けられていない（注１、２）。

　　この点、親権者でも監護者でもない父母が養子縁組について適正な意見を述べることができるのか疑問であるとの指摘や、当該父母の所在・連絡先等が不明であることが多く、その場合に養子縁組を不可能とすることは非現実的であるとの指摘など、親権者や監護者であるかどうかにかかわらず

全ての父母を養子縁組に関与させることに対して、消極的な意見がある。

　これに対し、養子縁組の成否は、養育費請求権の有無・金額等にも影響し得るものであり、扶養義務を負っている父母が養子縁組の成立を認識していない場合、過剰に養育費を支払う可能性があるため、親権者や監護者であるかどうかにかかわらず全ての父母が養子縁組に関与すべきという指摘や、親権停止中の父母に同意権が付与されている趣旨は、将来的な親子の再統合の可能性を剥奪しないことにあるが、その趣旨に鑑みれば、親権者でも監護者でもない父母であっても何らかの関与を認めるべきであるという指摘などがある。

　また、これらの折衷的なものとして、無限定に全ての父母を関与させることは相当ではないものの、離婚後・縁組前の時点で、養子となる者と継続的に関与している父母に限っては養子縁組に何らかの関与をさせるべきであるとの指摘もある。

⑵　関与の方法等

　以上のとおり、部会において、父母の関与の是非について一致した見解が得られたものではないが、関与を認めるべきとの立場からは、その関与方法として同意権を与える、通知を義務付けるなどといった意見が示された。縁組前の事前通知をすることとなれば、例えば、養子縁組に反対する父母が子の最善の利益に反する養子縁組の成立を阻止する方法としては、親権者の変更の申立てをすることが考えられる。

　もっとも、同意や通知を基礎付ける法的根拠、それらの法的性質、同意の欠缺や通知の懈怠があった場合の法的効果など様々な検討課題がある。

2　考慮要素等の法定、代諾縁組に係る年齢の引下げについて（**試案の注**）

⑴　現行法では、家庭裁判所による未成年養子縁組の許可に関し、考慮要素及び許可基準についての明文規定はない。現在の実務においては、縁組の動機、目的、実親（監護親）及び養親の家庭状況、養親となる者の監護者としての適格性（親権を行使し得る能力の程度、経済状況、養子となる者との親和性）などの事情を総合的に考慮して、子の福祉の観点から、許可・不許可の判断をしているとされている。家庭裁判所における判断の予見可能性に資するなどといった観点から、考慮要素や判断基準を法定すべきであるとの指摘があり、**試案の注の①**では、そのような考え方を提示している。これに対しては、考慮要素等を法定することによって家庭裁判所の判断の硬直化を招き、かえって個別具体的な事案に沿った柔軟かつ妥当な解決が困難になるのではないかとの指摘や、考慮要素等が法定されていないことによって、現在の実務に混乱や弊害が生じているという立法事実はないとの指摘がある。

⑵　現行民法では、１５歳未満の者が養子となる場合には、その法定代理人が縁組の代諾をするとされている（同法第７９７条第１項）。これは、１５歳以上であれば、養子縁組の意味等を理解し、その是非を自ら判断する能力を

備えているとの考え方に基づいているが、１５歳という年齢は、代諾縁組に関する規定に限らず、子の氏の変更（同法第７９１条第３項）や遺言（同法第９６１条）に関する規定でも定められており、同法上、身分行為能力の標準的年齢と考えられている。また、代諾縁組に係る基準年齢を引き下げるとすれば、１５歳未満の未成年者に対し、養子縁組に係る決定責任を負わせることになり、過重な負担を強いることになるのではないかとの指摘もあり得る。

　部会のこれまでの議論においては、１５歳未満であっても、一定の年齢に達していれば、養子縁組の意味内容等を理解し、自ら養子縁組の是非を判断する能力を有しているのではないかとの指摘もされたため、**試案の注の②**では、未成年の子が自らを養子とする縁組の成否に関与することができる範囲を拡大する方向の考え方として、法定代理人による代諾の対象となる年齢の引下げをする考え方や、（代諾の対象年齢については現行法を維持した上で）一定以上の年齢の子に養子縁組の成否についての同意権を認めるものとする考え方を提示しているが、なお年齢と判断能力との考えについては、様々な考えがあり、部会において一致した考えとはなっていない。

3　以上のとおり、家庭裁判所の許可の要否も含め、未成年養子縁組の成立要件に関する規律の在り方については、賛否両論含めて様々な意見があり、一定の方向性につき一致した見解が得られたものではないため、**試案２の本文**では、未成年養子縁組の成立要件につき、引き続き検討するものとしている。

（注１）現行民法では、養子となる者が１５歳以上である場合には、親権者等（法定代理人）による代諾も監護者の同意も必要とされず、養子となる者が単独で縁組をすることができるとされているため、本項の検討対象は、養子となる者が１５歳未満であることを前提としている。もっとも、養子となる者が１５歳以上であっても、親権者等が養子縁組に関与する規律を設けるべきという考え方もあり得る。

（注２）本文では、親権者でも監護者でもない父母の養子縁組への関与の在り方に関する考え方を記載しているが、親権者・監護者である父母の養子縁組への関与の在り方も問題になり得るところ、その点は、父母の離婚後等の親権者に関する規律の見直し（**試案の前記第２参照**）の内容と密接に関連するものである。すなわち、**試案の前記第２の１**において【甲案】を採用して、父母の離婚後にその双方が親権者となった場合を想定すると、この父母双方が養子縁組の成立にどのような関与をすることができるかについては、別途の検討が必要と思われる。これは、**試案の前記第２の３記載の監護者等に関する規律**において、いかなる案を採用するかによっても左右されるものであるが、離婚後に父母双方が親権者と定められている場合における養子縁組の関与に関する規律として、差し当たり考えられる方向性としては、①親権者双方が代諾権者（法定代理人）として関与するという考え方、②親権者のうち、監護者（もしくは主たる監護者）として定められている父母の一方が代諾権者として関与し、他方の父母は同意権者として関

与するという考え方、③親権者のうち、監護者（もしくは主たる監護者）として定められている父母の一方が代諾権者として関与し、他方の父母は関与しないという考え方などがあると思われる。

3　養子縁組後の親権に関する規律

　未成年養子縁組後の親権者に関する規律につき、以下の方向で、引き続き検討するものとする（注1、2）。

①　同一人を養子とする養子縁組が複数回された場合には、養子に対する親権は、最後の縁組に係る養親が行う。

②　養親の配偶者が養子の実親である場合には、養子に対する親権は、養親及び当該配偶者が共同して行う。

③　共同して親権を行う養親と実親が協議上の離婚をするときは、その協議で、その一方（注3）を親権者と定めなければならない。裁判上の離婚の場合には、裁判所は、養親及び実親の一方（注3）を親権者と定める。

（注1）試案の本文は、上記第2の1記載の離婚後に父母双方が親権者となり得る規律を導入するか否かに関わらず、すべからく未成年養子縁組について適用される規律を提案するものである。

（注2）実親の一方から、現に親権者である養親や他方の実親に対して、親権者変更の申立てをすることを認めるべきであるという考え方がある。

（注3）上記第2の1記載の離婚後に父母双方が親権者となり得る規律を導入した場合には、試案の本文にある「一方」を「一方又は双方」とすべきであるとの考え方がある。

（補足説明）

1　現行民法の概要

　現行民法において、養子縁組がなされた場合の親権者に関する規定は、同法第818条第2項（「子が養子であるときは、養親の親権に服する。」）のみであり、その他は、解釈運用に委ねられている。

2　**試案3の本文**の概要

　試案3の本文は、現在の実務上定着していると思われる解釈を明確化するための規律を設けることを提示するものである。

⑴　**試案3①の概要**

　同一の子について複数回の養子縁組がされた場面には、どの養親が親権を行うものとすべきかが問題となる。**試案3①**は、この場面における規律を明確化する観点から、養子縁組が複数回された場合には、最後の縁組に係る養親のみが親権を行うものとする規律を提示している。

⑵　**試案3②の概要**

　子が養子であるときは養親の親権に服するとする現行民法第818条第

２項の規律のみによれば、実父母の離婚後に、当該実父母の一方の再婚相手がその子を養子とする普通養子縁組をした場合（いわゆる連れ子養子）には、当該再婚相手のみが親権を行うこととなりそうである。

　もっとも、現行民法の解釈においては、このような連れ子養子の場面では、当該養子に対する親権は、養親及びその配偶者（実父母の一方）が共同して親権を行うものとされている（注１）。これは、このような養子縁組がなされた場合には、実態としては養親とその配偶者である実親の一方が二人で共同して子を養育することが通常であることを重視した考え方に基づくものと思われる。**試案３②**は、このような同法の解釈を明確化する規律を提示している（注２）。

⑶　**試案３③の概要**

　試案３②の規律は、連れ子養子の場面では養親とその配偶者である実親の一方が共同して子を養育することが通常であるといった実態を踏まえたものであるが、その後、当該養親及び実親が離婚をするときはそのような共同養育の態様に変化が生ずることがあると考えられる。そして、このような養親と実親の離婚の場面について、現行民法の解釈において、同法第819条を適用して、父母の協議又は家庭裁判所の裁判によって親権者を定めるものとする考え方がある。

　試案３③は、このような現行法の解釈を明確化する規律を提示している。

3　**試案の各注**の考え方

⑴　**試案の注１及び注３**（父母の離婚後の親権に関する規律との関係）

　ア　**試案３①から③まで**の規律については、父母の離婚後の親権に関する現行民法第819条の規律を見直すかどうかにかかわらず、その明確化が必要であるとの指摘があり得る（**試案の注１**参照）。

　イ　もっとも、その規律の具体的な内容について、**試案３①から③まで**では差し当たり現行民法の解釈やそれを前提とする実務の運用を前提とした規律を提示しているが、仮に、父母の離婚後の親権に関する規律を見直すのであれば、その見直しの内容（**試案の前記第２**参照）に連動して、養子縁組後の親権に関する規律についても、一定の修正が必要となるとの考え方がある。

　　例えば、仮に、父母の離婚後の親権に関する規律を見直し、離婚後の父母の双方を親権者とすることができる規律を設けるのであれば、**試案３③**が規律する実親と養親の離婚後の親権者についても、その双方が引き続き親権を行うものとすることができるような規律を設けることも、選択肢となり得ると考えられる。**試案の注３**は、そのような考え方を提示している。

　ウ　また、仮に、実父母の離婚後にその双方を親権者とすることができる規律を設けた場合には、離婚後の実父母の双方が親権を有する状態で、当該

実父母の一方の再婚相手との間で養子縁組（いわゆる連れ子養子）がされた場面における規律について検討する必要もあると考えられる。**試案3①及び②**の規律によれば、このような連れ子養子がされた場面では、養親及びその配偶者（実父母の一方）のみが親権を行うこととなり、他の実父母は、当該養子縁組後は、親権を行うことができなくなることとなる。

　このような考え方によれば、養子となる者について親権を行っていた実父母の一方（養親となる者の配偶者ではない方の実父母）は、未成年養子縁組の成立後はその親権を行うことができなくなるため、このような親権者の地位に変動を生じさせることについての許容性が問題になり得ると思われる。この問題については、養子となる者が15歳未満の場合には、（親権者が代諾権者となるとの規律を変更しない限りは）養子縁組によって親権者としての地位に変動を生ずることとなる実親は、代諾権者として養子縁組の代諾権を有しているため、当該親権者の無関与のままにその地位に変動を生ずるものではないことを指摘することができる。また、養子となる者が15歳以上の場合には、養子縁組に何ら関与することなく親権者としての地位に変動が生ずる可能性があるものの、それは現行民法においても同様であることを指摘することができる（例えば、実父母の婚姻中に、15歳以上の子が祖父母等を養親とする養子縁組をした場合には、実父母は、当該縁組に関与することなく、その後は親権を行うことができなくなり、当該養親のみが親権を行うこととなる。）。

　エ　このように、未成年養子縁組後の親権者に関する規律の在り方については、父母の離婚後の親権に関する規律（**試案の前記第2参照**）についての各論点や、親権者・監護者の養子縁組への関与の在り方と密接に関連するため、相互に関連付けて検討する必要があると考えられる。

⑵　**試案の注2の考え方**（実父母からの親権者変更の申立ての可否）

　実父母の一方の配偶者がその子を養子とした場合には、現在の実務では、他方の実父母が親権者変更を申し立てることはできないとされている。

　これに対しては、養子縁組が実父母の関与がないままに行われる場合もあることを念頭に、当該実親からの親権者変更の申立てを可能とすべきとの意見がある。そこで、**試案の注2**では、そのような考え方を提示している。

（注1）親権者でない実親の配偶者が当該実親の子を養子とする養子縁組をした場合についても、当該養親及びその配偶者（親権者ではなかった実親）が共同して親権を行使するというのが実務及び学説上の大勢の解釈だと思われるが、離婚時に親権者でないとされた父母が、親権者変更によることなく、親権者としての地位を取得する可能性があることに疑問を呈し、この解釈に慎重な意見もある。

（注2）**試案3②**は、実父母の離婚後にその一方が再婚した場合において、当該再婚相手と子が養子縁組をした場合（いわゆる連れ子養子）を想定した規律である。このような規

律に関連して、部会のこれまでの議論においては、同一の養子に対して複数回にわたって養子縁組がされた場合を想定して、最後の縁組に係る養親（**試案3①**の規律によれば、この養親のみが親権者となる）が、それ以前の縁組に係る養親（**試案3①**の規律によれば、この養親は親権者でなくなることとなる）と婚姻した場合には、この婚姻関係にある養親の双方が共同して親権を行うものとすることとしてはどうかとの意見も示された。

4　縁組後の扶養義務に関する規律

　　未成年養子縁組後の実親及び養親の扶養義務に関する規律として、最後の縁組に係る養親が一次的な扶養義務を負い（当該養親が実親の一方と婚姻している場合には、その実親は当該養親とともに一次的な扶養義務を負う）、その他の親は、二次的な扶養義務を負うという規律を設けることにつき、引き続き検討するものとする。

（補足説明）
　扶養義務について、現行民法では、同法第878条で扶養義務の順位について協議又は家庭裁判所の裁判により定めるとされているが、養親と実親の間の扶養義務の優先順位に関する明文の規定はない。
　この点、養親が実親と比して第一次的な扶養義務を負っており、配偶者の直系卑属を養子とする養子縁組（典型例は、いわゆる連れ子養子縁組）のように、養親の配偶者が実親の一方である場合には、当該実親も養親同様に第一次的な扶養義務を負うというのが一般的な解釈と思われ、**試案4**は、この解釈を明確化するための規律を設けることを提示するものである。
　これに対し、扶養義務の順位は、その者の法的地位から一義的に定まるものではなく、それぞれの資産状況など諸般の事情を考慮して決せられるべきものであるため、画一的な基準を設けると、かえって個別具体的な事案に沿った柔軟な解決を阻害するおそれがあるとの指摘がある。
　なお、**試案4**の考え方に関連して、部会のこれまでの議論では、養子縁組がされた結果として子に対して扶養義務を負うこととなる親が増えた場面においては、民法第877条に規定する「扶養義務」と離婚した父母間で取り決められる「子の監護に要する費用の分担」（いわゆる「養育費」）の関係を整理する必要があるのではないかとの指摘もされた。

第7　財産分与制度に関する規律の見直し
1　財産分与に関する規律の見直し

　　財産の分与について、当事者が、家庭裁判所に対して協議に代わる処分を請求した場合には、家庭裁判所は、離婚後の当事者間の財産上の衡平を図るため、当事者双方がその協力によって取得し、又は維持した財産の額

及びその取得又は維持についての各当事者の寄与の程度、婚姻の期間、婚姻中の生活水準、婚姻中の協力及び扶助の状況、各当事者の年齢、心身の状況、職業及び収入その他一切の事情を考慮し、分与させるべきかどうか並びに分与の額及び方法を定めるものとする。この場合において、当事者双方がその協力により財産を取得し、又は維持するについての各当事者の寄与の程度は、その異なることが明らかでないときは、相等しいものとする。

（補足説明）

1　財産分与の目的

　　財産分与には、①婚姻中に形成された夫婦財産関係の清算の要素（清算的要素）、②離婚によって経済的に困窮する夫婦の一方に対する扶養の要素（扶養的要素）、③離婚に伴う損害賠償（慰謝料）の要素の３つの性質が含まれると解するのが一般的である。もっとも、現行規定においては、財産分与の許否及び額の考慮事情としては「当事者双方がその協力によって得た財産の額その他一切の事情を考慮」することとされており、「当事者双方がその協力によって得た財産の額」という清算的要素の一部のみを例示するにとどまっている。これまでの議論でも、財産分与の法的性質の中心が清算的要素であることについては異論がなかったが、現行民法上、財産分与の目的や法的性質が明確に規定されていないことから、財産分与の一要素である離婚後の扶養の要素が軽視されがちであり、そのために財産分与が少額にとどまるなどの弊害が生じているとの指摘がある。

　　扶養的要素については、既に親族関係にない元配偶者に対する扶養義務を観念することが難しいとしてこれを否定的に捉える考え方もあるが、夫婦間に収入等の格差があることも少なくない状況に鑑み、経済的に自立できない元配偶者に対する実質的な扶養義務を観念することができるとする考え方もある（注１）。この場合には、配偶者の一方が要扶養状態にあることによって扶養的要素を基礎付けていることからすると、財産分与における扶養的要素は、清算的要素と慰謝料的要素の財産分与を受けてもなお離婚後生活に困窮する場合に考慮されるにすぎないものという結論を導くようにも思われる。

　　このような考え方に対し、離婚後の扶養について、清算的要素と並ぶ独立したものとして、「補償」の概念を導入する考え方もあり、これまでの部会の議論においても、その旨を明記すべきであるとの意見も示された。これは、離婚後の扶養の中核を、婚姻生活（婚姻中の役割分担）に起因し、離婚によって生ずる損失の補償、経済的不利益の調整、又は減少した所得能力の補償と捉えるべきであるなどとするものである。この立場からは、一方配偶者が要扶養状態にあることを前提とする民法上の扶養義務とは異なるものになる。平成８年法制審議会答申の議論の際には、補償的要素の給付を明示的に規定する案も

提案されていたが、この案に対しては様々な意見が示されたことから、補償の本来の意味するところを明文化する規律を設ける方向として、財産分与の目的を「離婚後の当事者間の財産上の衡平を図る」とする要綱がまとめられた。この点について、**試案1**は、平成8年法制審議会答申と同内容の規律を提示するものである。

2　財産分与における考慮要素

現行規定では、家庭裁判所の手続における財産分与の許否及び額の判断について考慮要素が明示されていない。財産分与の目的だけでなく、許否及び額を判断する際の考慮要素を明らかにすることで、夫婦間の協議や家事調停に際しても当事者の指針としての機能を果たすことが考えられ、財産分与の取決めを促進するため、当事者に対する明確な指針を示すことの意義は大きいと考えられる。**試案1**では、財産分与の許否及び分与の額について、適正な実務の運用の支障とならないと考えられる範囲で考慮要素を明示している（注2～4）。

「当事者双方がその協力によって取得し、又は維持した財産の額及びその取得又は維持についての各当事者の寄与の程度」は、清算的要素の考慮事情である。財産分与のうち、婚姻中の財産の清算的要素については、婚姻中にその協力によって形成又は維持された財産について、その形成又は維持に対する寄与に応じて分配することが当事者の衡平に適うと考えられる。しかしながら、寄与の形態には様々なものがあり、例えば、生計を得るための勤労活動と家計の管理その他の家事労働のように、その性質が異なるために双方の寄与の程度を比較することができない場合もある。このような場合には、当事者間の衡平の見地から、双方の寄与を対等とすることが相当である。そこで、**試案1**では、財産分与の許否及び額を定めるに当たって、財産の取得及び維持に対する寄与の程度が異なることが明らかでないときは、これ（寄与の程度）を相等しいものとすることとしている（注5）。

「婚姻の期間、婚姻中の生活水準、婚姻中の協力及び扶助の状況、各当事者の年齢、心身の状況、職業及び収入」は扶養的要素ないしは補償的要素の考慮事情である（注6）。なお、損害賠償としての要素は、個別請求も可能であり、考慮要素として具体化することには異論もあり得るため、**試案1**では考慮事情として積極的に明示していない。

（注1）実質的な扶養義務を観念する場合の理論的根拠については様々な考え方があるが、例えば、夫婦が終生の共同生活を誓い、相互に協力してきたという関係にあることからすれば、婚姻が破綻したときに経済的に余裕のある一方が生活に困窮する他方を扶養することは当然の人道的義務であり、婚姻の事後的効果であるという見解、離婚後の自活することができない元配偶者の一方の扶養は、本来は国家の責務であるが、それが実現するまでは過渡的に他方に課せられた政策的な義務であると説明する見解、離婚後

に夫婦の一方（多くは妻）が自活することができない状況となるのは、婚姻中の性別役割分業の結果であるから、離婚時に妻に生じたマイナス分を離婚後の扶養によって補うことで夫婦の平等を実現するものであるとする見解等がある。

（注２）離婚後の子の監護に関する事情（子の居住環境の継続等）を考慮事情に挙げることも考えられ、部会のこれまでの議論においては、子と同居する監護親の居住の確保や、子の福祉の観点からの要素を考慮要素に加えるべきではないかとの意見も示された。もっとも、このような意見に対しては、居住用不動産の処分等を制限する場合には不動産取引の事情に応じて取引の安全を確保する必要があるとの観点や、財産分与が父母の離婚後の子の生活の安定を直接の目的とするものではないと解されることから、財産分与の制度趣旨との関係で慎重な検討が必要であるとの指摘もある。

（注３）学資保険の取扱いについては、これを財産分与の対象となる財産に含めるべきではないとする立場から、当事者が取得し又は維持した財産の「額」に加えて、「財産の性質」を考慮要素に加えるとの考え方もあり得る。また、部会においては、「財産形成の目的」を考慮要素とすることで、学資保険について適切な取扱いをすることができるようにしてはどうかとの意見も示された。他方で、学資保険は契約者の財産であるとして、基準時における解約返戻金の額を対象財産とする考え方もあることから、学資保険の取扱いについては、基本的には解釈に委ねるべきであるとの指摘もあり得る。

（注４）婚姻継続中における過去の婚姻費用の分担の態様も考慮される事情の１つとして含まれる。過去の婚姻費用は、婚姻中に夫婦が取得した財産ではないが、婚姻生活上の財産関係の清算と捉えることで、過去の婚姻費用の請求も清算的財産分与の一環として捉えることができると考えられる。他方で、過去の婚姻費用の請求は離婚の有無にかかわらず問題となるものであって、離婚になって清算の形で処理されることが本来の性格ではないとの指摘もある。

（注５）「当事者双方がその協力によって取得し又は維持した財産の額及びその取得又は維持についての各当事者の寄与の程度」については、生計を得るための勤労活動のみではなく、家計の管理その他の家事労働による寄与も考慮される。部会のこれまでの議論においても、勤労活動による賃金収入だけではなく、家事労働についても考慮することが重要であるとの意見が示された。

（注６）部会のこれまでの議論においては、扶養的要素ないし補償的要素の考慮事情に関して、「稼働能力」（の喪失・低下）を考慮要素として明示すべきではないかとの意見も示された。もっとも、稼働能力の喪失・低下について、逸失利益を算定するときのように非常に細かく算定しなければならないとすると、これまでの実務の在り方とは非常に乖離が大きくなり、審理の複雑化、審理期間の相当な長期化を招くといった懸念があるとの指摘がある。

2　財産分与の期間制限に関する規律の見直し

　　財産分与の期間制限に関する民法第７６８条第２項ただし書を見直し、【３年】【５年】を経過したときは、当事者は、家庭裁判所に対して協議に

代わる処分を請求することができないものとするほかは、現行法のとおり
とする。

（補足説明）

　現行民法第７６８条第２項ただし書は、財産分与請求権について離婚の時か
ら２年以内に行使しないとその期間の経過によって権利が当然に消滅すること
を定めたものと解される。同法上２年の期間制限が定められていることについ
て、離婚前後の様々な事情によって２年以内に財産分与を請求することができ
なかった場合に、分与が請求できないことから、結果的に経済的に困窮するに至
っている者がいるとの指摘があり、期間制限の延長を求める意見がある。離婚後
の法律関係の早期の確定が必要であることも踏まえつつ、他の期間制限の関係
（注１）等も含めた検討が必要であると考えられ、**試案２**では、期間の長さとし
て、３年又は５年を提示している（注２）。

　なお、現行民法上は、離婚の時から２年を経過した後は、家庭裁判所において
財産分与を請求することができないが、当事者間の協議により財産分与につい
て定めることについては、妨げられないとの考え方もあり得る。その場合には、
同法第７６８条第２項ただし書は、申立期間であるようにも思われるが、期間制
限の性質については、引き続き、解釈に委ねるものとする方向があり得る。

（注１）不法行為による損害賠償請求権の消滅時効期間は、被害者又はその法定代理人が損
　　　害及び加害者を知った時から３年、不法行為の時から２０年である（民法第７２４条）。
　　　養育費支払請求権の消滅時効については、養育費について当事者間の協議や公正証書
　　　で取り決めた場合には、各自の具体的な養育費請求権が発生してから、各請求権につ
　　　いてそれぞれ５年で時効期間が満了する（同法第１６６条第１項）。なお、裁判手続（調
　　　停や審判を含む。）で養育費について定められた場合には、各月の具体的な請求権が発
　　　生してから、各請求権についてそれぞれ１０年で時効期間が満了する（同法第１６９
　　　条第１項）。

（注２）離婚の種別（協議離婚・裁判離婚）によって異なる期間制限を設けるべきかについ
　　　て更なる検討を要するとの考え方がある。

3　財産に関する情報の開示義務に関する規律
　　財産分与に関して、当事者の財産の把握を容易にするための規律につい
　て、次の考え方を含めて、引き続き検討するものとする。
　⑴　実体法上の規律
　　　夫婦は、財産分与に関する協議をする際に、他方に対して、自己の財産
　に関する情報を提供しなければならないものとする。
　⑵　手続法上の規律
　　　財産分与に関する家事審判・家事調停手続の当事者や、婚姻の取消し又

　　は離婚の訴え（当事者の一方が財産の分与に関する処分に係る附帯処分
　　を申し立てている場合に限る。）の当事者は、家庭裁判所に対し、自己の
　　財産に関する情報を開示しなければならないものとする（注）。

（注）　当事者が開示義務に違反した場合について、過料などの制裁を設けるべきである
　　　との考え方がある。

（補足説明）
1　検討の背景
　　離婚当事者間で財産分与について協議をするときは、当事者双方が婚姻中
　にその協力によって得た財産を申告し、財産分与の対象となる財産を確定さ
　せ、これを基礎として、分与の額及び方法を定めることが想定される。また、
　裁判手続においては、対象財産を裁判所自らが把握することには限界がある
　とされ、当事者主義的な運用がなされており、対象となる財産の存否の把握は
　当事者の協力に委ねられている。もっとも、このような運用に対しては、婚姻
　中から財産の管理は夫婦それぞれが行うような生活様式が増えていることを
　背景として、お互いに相手方の名義の財産を把握することが困難な場合があ
　るとの指摘があり、また、現行民法及び家事事件手続法には、当事者に対して
　その財産の状況等を開示すべき義務を課す規定はないことから、裁判手続に
　おいて当事者双方の財産が明らかとなるまでに時間を要するとの指摘がある。
　　そこで、**試案3**では、財産分与に関して、当事者の財産の把握を容易とする
　ために、当事者に対して財産開示を義務付ける旨の規律を設けることを提示
　している。
2　実体法上の情報開示義務（**試案3(1)**）
　　試案3(1)は、離婚の当事者間で財産分与に関する協議がされる場面を想定
　して、実体法上の義務として、各当事者が他方に対して自己の財産に関する情
　報を開示する義務を負う旨の規律を提示している。このような実体法上の義
　務を課す許容性については、開示の対象となる財産は夫婦の協力により形成
　又は維持されたものであって、夫婦双方が実質的に利害関係を有している（仮
　に一方の単独名義の財産であっても、潜在的に又は実質的には共有状態であ
　ると観念することができる）との説明がある。
3　家事事件手続における情報開示義務（**試案3(2)**）
　　財産分与に関する裁判手続（家事調停、家事審判のほか、離婚訴訟の附帯処
　分の手続がある。）において、適正な事実認定及び判断を、迅速かつ容易にで
　きるようにするためには、裁判所が当事者の財産の状況を把握することがで
　きるようにする必要がある。**試案3(2)**は、このような必要性を踏まえ、当事者
　に対してその財産に関する手続法上の開示義務を課す規律を提示するもので
　ある。

　また、手続法上の開示義務の実効性を確保するために、当事者が正当な理由なく陳述すべき事項について陳述せず、又は虚偽の陳述をしたときは、家庭裁判所が過料に処するものとする考え方もあり得る。そのほか、当事者が財産を有していることが認められるにもかかわらず、その具体的内容等を明らかにしない場合は、家庭裁判所は、審判手続の全趣旨に基づき、財産の額を認定することができるものとする考え方もあり得る。このように、開示義務の実効性を確保するための方策として制裁を設けるべきとの考え方があり、**試案の注**ではそのような考え方を提示している。

4　**試案3⑴と⑵の関係について**

　試案3⑴は離婚時における当事者間の協議に適用されることが想定される規律であり、**試案3⑵**は裁判手続において適用されることが想定される規律であるから、それぞれ適用される場面が異なる。そして、子の利益をより一層確保するという観点からは、**試案3⑴及び⑵**の規律をいずれも導入すべきとの考え方があり得る。

　もっとも、当事者間の協議の場面における実体法上の開示義務（**試案3⑴**）は、訓示的・理念的な行為規範としてしか機能し得ず、情報の開示について当事者間に争いがある場合には結局のところ裁判手続を通じた調整が必要となるため、手続法上の開示義務（**試案3⑵**）のみ定めれば足りるのではないかとの考え方もあり得る。

5　**開示対象となる財産の範囲について**

　試案3⑴及び⑵のいずれの考え方においても、財産分与の当事者が開示すべき財産の範囲については、婚姻前に取得した財産を開示義務の対象とすべきかどうかが問題となる。

　そして、財産分与の際の清算の対象となる財産は基本的には婚姻後に取得したものに限られるとの立場を前提とすると、この場面で開示が必要となる財産は、婚姻後に取得した財産に限定すべきであるとの考え方があり得る。このような考え方は、当事者のプライバシー等の保護の観点から、開示対象となる情報を必要最小限度にとどめようとするものと整理することができる。

　他方で、財産分与の際の清算の対象については、例えば、夫婦の一方が婚姻前から所有していた財産を維持するために他の一方が一定の寄与をしたというような場面を想定すると、婚姻前に取得した財産であるからといって一律に財産分与の基礎となる財産の範囲から除外することはできないのではないかとの指摘がある。また、財産分与には扶養的要素や補償的要素も含まれることを前提に、婚姻前に取得した財産の分与を求めることも可能であるとの指摘もある。このような指摘を踏まえれば、財産分与の当事者は、その取得した時期にかかわらず、その保有する全ての財産に関する情報を開示すべきであるとの考え方もあり得る。

第8　その他所要の措置
　第1から第7までの事項に関連する裁判手続、戸籍その他の事項について所要の措置を講ずるものとする（注1、2）。

（注1）夫婦間の契約の取消権に関する民法第754条について、削除も含めて検討すべきであるとの考え方がある。

（注2）第1から第7までの本文や注に提示された規律や考え方により現行法の規律を実質的に改正する場合には、その改正後の規律が改正前に一定の身分行為等をした者（例えば、改正前に離婚した者、子の監護について必要な事項の定めをした者、養子縁組をした者のほか、これらの事項についての裁判手続の申立てをした者など）にも適用されるかどうかが問題となり得るところであるが、各規律の実質的な内容を踏まえ、それぞれの場面ごとに、引き続き検討することとなる。

（補足説明）

1　**試案第8の本文**について

　試案第1から第7までに記載された事項について、現行法の見直しをしたり新たな規律を新設したりする場合には、それに伴って、裁判手続や戸籍等に関する事項について、一定の整備が必要となると考えられる。**試案第8の本文**はそのような整備の必要性を指摘するものである。

2　**注1**について（夫婦間の契約の取消しに関する規定の削除）

　夫婦間の契約の取消権について、民法第754条は、「夫婦間でした契約は、婚姻中、いつでも、夫婦の一方からこれを取り消すことができる。ただし、第三者の権利を害することはできない。」と規定している。この規定について、当事者の真意に反する契約のみを取り消せば足りるのであって、当事者の真意を問題とせずに一律に夫婦間の契約の取消しを認めることは適当ではないとの指摘や、真意に反する契約は、財産法上の一般理論（心裡留保、錯誤、詐欺、強迫等）によって、その意思表示を無効又は取り消すことができるから、同条のような規定を設ける必要性もないとの指摘がされてきた。

　また、婚姻関係が破綻に瀕している場合における夫婦間の契約は、実質的には法的保護を与えることが適当と考えられるが、民法第754条を適用すれば、このような契約の取消しをも認めることとなり、かえって相手方配偶者の保護の面からみて問題がある。この点、最高裁昭和42年2月2日判決（民集21巻1号88頁）では、同条にいう「婚姻中」とは、単に形式的に婚姻が継続していることをいうのではなく、実質的にもそれが継続していることをいうものと解すべきであるとして、同条の適用を制限しており、夫婦間の契約が、夫婦関係が円満である際に締結されたものであっても、それがすでに破綻した後においては、取り消すことができないと解されている。

　民法第754条はその必要性に疑義があると考えられ、さらに、夫婦間の契

約の取消しが実際に問題となるのは、婚姻関係が破綻に瀕した後であると考えられる上、上記判例により同条が適用される場面は実質的になくなったものと考えられる。そこで、**試案の注1**では、同条を削除する考え方があることを指摘している。なお、平成8年法制審議会答申においては、「第五　夫婦間の契約取消権　第七百五十四条の規定は、削除するものとする。」と示されていた。

3　**注2**について

試案第1から第7までの本文や注で提示されている規律や考え方を採用する法改正がされた場合には、新法の規律が適用される範囲を画するためにどのような経過措置を設けるかが問題となり得る。

　この問題は、新法の内容をどのように定めるかを確定しなければ具体的に議論することが困難であると考えられるため、**試案の注2**ではその旨を記載している。

　なお、例えば、**試案の前記第2**において、離婚後の父母の双方が親権者となることができるものとする**【甲案】**を採用した場合を想定すると、改正後に親権者の変更の申立てがされた際には、**試案の前記第2の1**の補足説明のとおり、①父母の離婚が改正法施行前であれば旧法を適用する（旧法に従い、親権者を父母の一方から他の一方に変更することの申立てのみができる）ものとする考え方と、②父母の離婚が改正法施行前であっても新法を適用する（親権者を父母の一方から他の一方に変更することに加え、親権者を父母の双方に変更することの申立てをすることもできる）ものとする考え方があり得る。

以　上

別冊 NBL No.182
家族法制の見直しに関する中間試案

2022年12月30日　　初版第1刷発行

編　者　　商　事　法　務

発行者　　石　川　雅　規

発行所　　株式会社　商　事　法　務
〒103-0027 東京都中央区日本橋 3-6-2
TEL 03-6262-6756・FAX 03-6262-6804〔営業〕
TEL 03-6262-6768〔編集〕
https://www.shojihomu.co.jp/